Welser, Grammophon

„Grammophon ist kein Vorname“

Spitzentöne aus dem Juristentrichter,
aufgenommen und vorgespielt von
Rudolf Welser
mit Zeichnungen von IRONIMUS

Orac
WIEN · MÜNCHEN · ZÜRICH

3. Auflage 1992

ISBN 3-7015-0016-9

Schutzumschlag: Bronislaw Zelek unter
Verwendung einer Zeichnung von IRONIMUS
Technik: Imprima W. Menches
Satz und Repros: Druckerei Robitschek & Co., Wien
Druck und Bindung: Wiener Verlag, Himberg bei Wien

Vorwort

Das Grammophon spielt die schönsten Melodien unserer Zunft – alles Originalaufnahmen, keinerlei Fälschung. Die Juristen aller Disziplinen drängen sich an der Kurbel und präsentieren ihre Produkte: Urteile, Gesetze, Erlässe und anderes mehr. Eine besondere Musikalität ist zum Verständnis solcher Stücke nicht erforderlich.

Das Grammophon ist gewissermaßen die Fortsetzung des Käsegeruchs und wie dieser zum Vergnügen des Lesers bestimmt. Er soll es in Betrieb setzen, wenn er Erholung oder gute Laune braucht. Daneben kann er aber aus dem Trichter vieles erfahren, was ihm für den Alltag nützlich ist. Zum Beispiel, ob ein Huhn zu Legezwecken oder zu Konversationszwecken gackert; daß er als Beifahrer einer selbstfahrenden Arbeitsmaschine kein Fahrtenbuch zu führen braucht; daß ein Käse kein Emmentaler sein kann, wenn nicht einmal die Löcher in der Packung Platz hätten und daß eine Eisenbahn eine Bahn von Eisen ist.

Auch diesmal muß ich den Leser eindringlich vor dem Irrglauben warnen, der Reiz dieses Buches beruhe auf der „Federfuchserei" und dem „Paragraphenreitertum" der Juristen. In Wahrheit wollen wir gar nicht solcherart „originell sein", müssen aber notgedrungen das Material „behandeln", das uns täglich ins Haus getragen wird.

Ein Anhang enthält Überlegungen zu schwierigen Rechtsfragen der Opernliteratur, ein anderer befaßt sich mit einem strafrechtlich verdächtigen Tätertyp, der vor allem in Professorenkreisen heimisch ist.

Ich danke herzlich meinen „Zulieferern", Kollegen und Freunden, die mir immer wieder Raritäten zukommen lassen und damit gleich mir darum bemüht sind, unserer Kunst würdige Denkmäler zu setzen.

Wien, im Juli 1985 *Rudolf Welser*

Rechtsprechung

Nr. 1

Das „Legegegacker“ hat eine verkündende (triumphierende) Form. Es ist im Vergleich zum „Konversationsgegacker“ durch ein betontes Hervorheben der ersten Gackertöne charakterisiert.

Die Parteien sind Hersteller von Teigwaren, und zwar sowohl von gewöhnlichen Eierteigwaren, die unter Verwendung von Trockenei hergestellt werden, als auch von Eierteigwaren, für die ausschließlich Frischei verwendet wird. Für ihre gewöhnlichen Eierteigwaren wirbt die Klägerin im Rundfunk regelmäßig in der Weise, daß sie ihren Werbetext mit einem Hühnergegacker beginnen oder nach den ersten Textworten ein solches anklingen läßt. Die Beklagte beanstandete diese Werbung und forderte Unterlassung. Die Klägerin lehnte das Ansinnen ab und erhob Klage mit dem Antrag, festzustellen, daß die Beklagte nicht berechtigt ist, die Rundfunkwerbung zu beanstanden. Die Klage hatte keinen Erfolg.

Das Berufungsgericht wies die Klage ab. Es unterschied mit dem Erstgericht zwischen „Konversationsgegacker“ und „Legegegacker“. Es sei gerichtsbekannt, daß nach der Überzeugung zahlreicher ländlicher und kleinstädtischer mit Hühnern vertrauter Personen die Hühner nach dem Legen eines Eies in einer besonders charakteristischen Weise gackerten („Legegegacker“). Ein solches Gegacker komme vor allem im betonten Hervorheben eines der ersten Gackertöne zum Ausdruck. Wenn aber dieser besondere Tonfall in dem Werbegegacker der Sendungen der Klägerin aufklinge, werde bei dem geschilderten Personenkreis die Vorstellung des typischen Legegegackers erweckt, die ihrerseits wieder die Vorstellung des Frischeies hervorrufe.

Auf Grund der in der mündlichen Verhandlung vorgespielten und von ihm auf Tonband aufgenommenen Sendungen stellte das Berufungsgericht fest, daß der für ein „Legegegacker“ typische Tonfall in den Werbesendungen der Klägerin aufgeklungen ist. Nach der Feststellung des Berufungsgerichts ist dieser Tonfall schwächer in der von der Klägerin zunächst vorgeführten Aufnahme, die mit dem Erstgericht als „sozusagen typisiertes Gegacker“ bezeichnet werden könne; deutlicher und nicht mehr „typisiert“, dagegen auch um etwa eine Sekunde länger dauernd, in der letzten der von der Klägerin vorgeführten Aufnahmen. Es sei jedoch anzunehmen, daß auch bei dem mehr typisierten Gegacker das Legegegacker wegen seiner charakteristischen (triumphierenden – verkündenden) Form, welche die Aufmerksamkeit stark auf sich ziehe, mehr oder minder bewußt vom Hörer herausgehört werde. Es stehe dabei fest, daß es sich tatsächlich um ein „Legegegacker“ handle. Entgegen der Annahme des Erstgerichtes hielt es das Berufungsgericht dabei für unerheblich, ob das Gegacker von einem Tierstimmenimitator stammt. Auch ein Imitator sei in der Lage, den typischen Tonfall des Legegegackers nachzuahmen.

Die Revision der Klägerin hatte keinen Erfolg:

Es kann auf sich beruhen, ob die vom Berufungsgericht getroffene Unterscheidung zwischen „Konversationsgegacker“ und „Legegegacker“ überhaupt gerechtfertigt ist. Hierauf braucht nicht eingegangen zu werden, weil es jedenfalls nicht rechtsfehlerhaft ist, wenn das Berufungsgericht im Rahmen seiner Hilfsbegründung angenommen hat, der Tierstimmenimitator habe in den beanstandeten Werbesendungen ein Hühnergegacker in einem Tonfall wiedergegeben, der an unmittelbar vorausgegangenes Eierlegen denken lasse. Wenn das Berufungsgericht weiter angenommen hat, ein solches Gegacker löse bei einem jedenfalls nicht unbeträchtlichen Teil der angesprochenen Verkehrskreise die – nicht zutreffende – Vorstellung der Verwendung von Frischei bei der Herstellung der Eierteigwaren aus und rufe den Anschein eines besonders günstigen Angebots hervor, kann dem aus Rechtsgründen nicht entgegengetreten werden (BGH 27. 6. 1961, I ZR 135/59; GRUR 1961, 544).

IRONIMUS

Nr. 2

Bei einem Film, welcher „Der Porno-Graf von Luxemburg“ genannt wird, erwartet sich ein beträchtlicher Teil des Publikums eine Verfilmung der bekannten Lehár-Operette mit pornographischen Zusätzen. Dabei ist unerheblich, ob „Pornograph“ am Schluß mit „f“ oder „ph“ geschrieben wird.

Dem klagenden Verlag stehen alle Verwertungsrechte nach dem Urheberrechtsgesetz – einschließlich des Rechts am Titel – an der Operette „Der Graf von Luxemburg“ von Franz Lehár zu. Die beklagte GmbH führte in dem von ihr betriebenen Wiener Kino vom 9. bis zum 15. 10. 1969 einen Film vor, den sie unter dem Titel „Der Porno-Graf von Luxemburg“ ankündigte. Der Kläger begehrt, der Beklagten zu untersagen, in ihren Ankündigungen den Titel „Graf von Luxemburg“ auf eine Weise zu verwenden, die geeignet ist, Verwechslungen mit dem Titel der Operette „Der Graf von Luxemburg“ hervorzurufen. Das Erstgericht gab diesem Begehren im wesentlichen statt, die Berufung der Beklagten blieb ohne Erfolg. Der Oberste Gerichtshof bestätigte das Unterlassungsgebot.

Aus den Entscheidungsgründen: ‚Zur Verwechslungsgefahr hat das Berufungsgericht darauf hingewiesen, daß zumindest ein nicht unbeträchtlicher Teil der durch die Ankündigung angesprochenen Leser den von der Beklagten verwendeten Titel des Filmwerks in seinen Vorstellungen mit dem Titel der weltbekannten Operette in eine solche Verbindung bringen könnte, daß es sich lediglich um eine Neuverfilmung dieser Operette unter Verwendung pornographischer Zutaten handle. Diese Auffassung sei umso mehr gerechtfertigt, als ein allgemeiner Trend wahrzunehmen sei, Werken der Literatur und

Anmerkung:

Im geschäftlichen Verkehr darf weder der Titel oder die sonstige Bezeichnung eines Werkes der Literatur oder Kunst noch die äußere Ausstattung von Werkstücken für ein anderes Werk auf eine Weise verwendet werden, die geeignet ist, Verwechslungen hervorzurufen (§ 80 Abs 1 Urheberrechtsgesetz).

der Bühnenkunst durch vermeintliche zeitgemäße Ausgestaltung mit sexuellen Attributen neue oder erhöhte Anziehungskraft zu geben. Wie sehr sich die Beklagte aus eigenem dem geschützten Titel der Operette angenähert und damit die Verwechslungsgefahr gesteigert habe, ergebe sich schon daraus, daß die Vorführungsbescheinigung der MA 7 den Titel „Der Pornograph von Luxemburg“ enthalte, während die Beklagte zur tatsächlichen Ankündigung den Titel „Der Porno-Graf von Luxemburg“ verwendet habe. Damit sei insbesondere nach dem optischen Eindruck die Bezugnahme auf den Titel „Der Graf von Luxemburg“ noch weitaus unmittelbarer und direkter. Daß die Beklagte die Rechte, die dem Kläger nach § 80 UrheberrechtsG an dem Titel der Operette zustehen, verletzt hat, haben die Untergerichte richtig erkannt. Es macht auch keinen Unterschied, ob „Pornograph“ zum Schluß mit „f“ oder „ph“ geschrieben wird oder ob „Porno“ und „Graf“ verbunden oder getrennt gebracht werden. Die Verwechslungsgefahr des Filmtitels „Der Porno-Graf von Luxemburg“ mit dem Operettentitel „Der Graf von Luxemburg“ ist daher zu bejahen. Daß ein Film und eine Operette verschiedenen Kunstgattungen angehören, ist richtig, ist aber für die hier zu lösende Rechtsfrage gleichgültig, weil es üblich ist, erfolgreiche Operetten zu verfilmen (OGH 13. 10. 1970, 4 Ob 345/70; ÖBl 1971, 57).

Nr. 3

Spricht ein Ausgleichsschuldner verlangsamt und undeutlich und kann er über ganz kurz Vergangenes nur ungenaue Angaben machen, so läßt dies den Schluß zu, daß er betrunken ist.

Während der ganzen Dauer der Ausgleichstagsatzung fand sich der Ausgleichsschuldner nicht im Verhandlungssaal ein. Beim Verlassen des Verhandlungssaales um 14.08 Uhr wurde der Richter vom Ausgleichsschuldnervertreter darauf hingewiesen, daß der Ausgleichsschuldner vor dem Verhandlungssaal auf einer Bank sitze. Dies traf auch zu, und alle Beteiligten folgten dem Richter in dessen Dienstzimmer, in welchem ab 14.13 Uhr mit dem Ausgleichsschuldner ein Protokoll aufgenommen wurde.

Dabei konnte nicht ermittelt werden, wann der Ausgleichsschuldner am 20. 9. 1983 aufstand. Er frühstückte ein Butterbrot, vier bis fünf Tassen Neskaffee und ein Schmalzbrot. Bevor er aus seiner Wohnung wegging, arbeitete er dort an den Sachen, an denen er stets zu arbeiten pflegt. Es konnte nicht ermittelt werden, wann er damit anfing; er schaute nicht auf die Uhr, als er anfing und auch nicht als er aufhörte. Der Ausgleichsschuldner schaute auch nicht auf die Uhr, bevor er sich auf den Weg zu Gericht machte. Es ist nicht wahrscheinlich, daß der Ausgleichsschuldner so rechtzeitig von zu Hause wegging, daß er bereits um 13.30 Uhr hätte im Gerichtsgebäude sein können.

Der Ausgleichsschuldner begab sich aber nach Verlassen seiner Wohnung nicht direkt zum Gerichtsgebäude, sondern kehrte zunächst in einem Lokal ein und nahm dort ein alkoholisches Getränk zu sich. Er reiste in der Folge mit der Unter-

---

Anmerkung:

Nach § 37 Abs 1 Ausgleichsordnung hat der Schuldner bei der Ausgleichstagsatzung persönlich zu erscheinen. Seine Vertretung durch einen Bevollmächtigten ist nur zulässig, wenn er durch wichtige Gründe am persönlichen Erscheinen verhindert ist und wenn das Ausbleiben vom Ausgleichsgericht als gerechtfertigt erklärt wird. Andernfalls gilt der Ausgleichsantrag als zurückgezogen. Im vorliegenden Fall war zu klären, ob das Ausbleiben des Ausgleichsschuldners gerechtfertigt war.

grundbahn bis zu deren Endstation am Reumannplatz und begab sich zu Fuß zum Gerichtsgebäude. Unterwegs kehrte er – es konnte nicht ermittelt werden, wo – ein zweites Mal in ein Lokal ein und nahm dort ein alkoholisches Getränk zu sich. Der Ausgleichsschuldner fand sich erst um etwa 13.45 Uhr im Gerichtsgebäude ein, begab sich aber nicht in den Verhandlungssaal, sondern wartete draußen vor dem Verhandlungssaal und unterhielt sich mit einem Mann, der dort am Gang mit einem Besen arbeitete.

Der Ausgleichsschuldner ist nicht krank, sondern „pumperlgesund" und nimmt keine Medikamente. Er war nicht sehr aufgeregt, bevor er ins Gerichtsgebäude kam, er hatte ja seiner Meinung nach keinen Grund dazu. Es war dem Ausgleichsschuldner auch nicht von vornherein klar, daß er sich verspäten würde; es tut ihm auch leid, daß er sich verspätete.

Auf die Frage, warum sich der Ausgleichsschuldner verspätet habe, war er nicht in der Lage, irgendeinen Grund anzugeben, er meinte nur, das habe sich so ergeben. Er war auch nicht in der Lage, die Frage zu beantworten, warum er nicht wenigstens in den Verhandlungssaal gekommen sei, als er im Gerichtsgebäude eingetroffen war. Er meinte nur, möglicherweise hätte man ihn aufrufen können.

Aus der rechtlichen Beurteilung des Gerichtes: Das Ausbleiben des Ausgleichsschuldners konnte nicht als gerechtfertigt erklärt werden, weil er überhaupt nicht am rechtzeitigen persönlichen Erscheinen gehindert war. Selbst daß er wußte, daß sein Rechtsanwalt an der Ausgleichstagsatzung teilnehmen würde, und daß er nicht wußte, daß ohne seine Anwesenheit ein Ausgleich nicht zustandekommen könne, verhinderte jedenfalls sein persönliches Erscheinen nicht. Es gibt auch sonst keine wichtigen Gründe, die ein solches Erscheinen verhindert hätten. Vielmehr ist es nach dem persönlichen Eindruck des Richters – der verlangsamten undeutlichen Sprechweise und auf Grund des Umstandes, daß der Ausgleichsschuldner über erst ganz kurz Vergangenes zum Teil nur ganz unpräzise Angaben machen konnte – wahrscheinlich, daß er betrunken war (Landesgericht für ZRS Wien 22. 9. 1983, Sa 59/83).

Nr. 4

Die Äußerung „Schleichts euch, es Hund, daß ich euch nimmer seh“ hat den objektiven Erklärungswert einer Entlassung.

Die Äußerung eines Baumeisters zu Arbeitnehmern, die eine Arbeit schlecht gemacht hatten, „Schleichts euch, es Hund, daß ich euch nimmer seh, und ins Lohnsackl scheiß ich euch eine!“ ist von den Arbeitnehmern auch objektiv gesehen als Entlassungserklärung zu werten.

Wenn eine derartige Äußerung von den Arbeitnehmern als Entlassung aufgefaßt wurde, sie ihre Sachen packten und die Baustelle verließen, kann ihnen dies nicht als ungerechtfertigter vorzeitiger Austritt angerechnet werden (Arbeitsgericht Wien 3. 10. 1983, 2 Cr 511/82; ARD 3594/22/84).

Nr. 5

Auch ein an den Straßenverkehr schulisch gewöhnter Hund kann nicht als vernunftgelenkt angesehen werden, weshalb auch die Annahme nicht gerechtfertigt ist, ein solcher Hund werde unter allen Umständen ein Verhalten an den Tag legen, das auf menschliche Interessen Rücksicht nimmt.

Der im Jahre 1971 geworfene Schäferhund „Hasso“, der bis 1982 Alois S gehörte, wurde in einer Münchner Polizeischule zum Schutz- und Wachhund ausgebildet. Dieses Tier gehorchte nicht nur seinem Herrn, sondern auch jenen Personen, die es wiederholt ausgeführt hatten, aufs Wort; der Hund war überdies verkehrstüchtig, dh er behinderte beim freien Herumlaufen keine Fahrzeuge und überquerte Straßen nur nach vorheriger Beobachtung. Er ging, auch wenn er nicht angeleint war, auf Kommando bei Fuß. Bis zum gegenständlichen Unfall war dieser Hund auch von der Beklagten wiederholt ausgeführt worden; er zeigte ihr gegenüber Gehorsam und Folgsamkeit. Am Unfallstag führte die damals siebzehnjährige Beklagte diesen Hund in den Mur-Auen bei K wieder aus. Bei diesem Spaziergang traf sie Rudolf B mit dessen Schäferhündin. Die Beklagte ging mit Rudolf B dann durch die W-Gasse; die Hunde hatten sie nicht angeleint, sondern sie trieben sich spielend in ihrer Nähe herum. Als sich die Beklagte bei der Kreuzung der W-Gasse mit der L-Gasse von ihrem Begleiter verabschiedete und über die Kreuzung in den nördlichen Teil der L-Gasse ging, folgte „Hasso“ dem Rudolf B und seiner Hündin, die die L-Gasse in südlicher Richtung weitergingen. Als die Beklagte etwa 4 m Richtung Norden gegangen war, bemerkte sie, daß sich „Hasso“ etwa 19 m südlich mit dem Hund des Rudolf B spielend herumtrieb. Sie rief das Tier mit seinem Namen an, dieses lief sofort Richtung Norden. Zur selben Zeit näherte sich die Zweitklägerin mit ihrem Fahrrad aus Richtung Osten auf der etwa 5 m breiten W-Gasse der völlig übersichtlichen Kreuzung. Bei der Überquerung der W-Gasse streifte das Tier mit seiner rechten Körperhälfte das

---

Anmerkung:

Siehe die Anmerkungen zu den Entscheidungen Nr. 16 und Nr. 26.

Vorderrad des Fahrrades der Zweitklägerin, die den Hund zufolge mangelnder Beobachtung der Fahrbahn erst etwa 1,5 m vor dem Anprall gesehen hatte.

Aus der Entscheidung des Obersten Gerichtshofs:

Andererseits kann der Revisionswerberin auch darin nicht gefolgt werden, der Hund habe ihr als ein „intelligentes und auch selbständig denkendes und handelndes Wesen" erscheinen müssen. Auch ein an den Straßenverkehr schulisch gewöhnter Hund kann nicht als vernunftgelenkt angesehen werden, weshalb auch die Annahme nicht gerechtfertigt ist, ein solcher Hund werde unter allen Umständen ein Verhalten an den Tag legen, das auf menschliche Interessen Rücksicht nimmt und das damit keine besondere Gefahrenquelle darstellt. Der Beklagten mußte unter Bedachtnahme auf ihr Alter klar sein, daß ein Tier, das „aufs Wort folgt", nicht in der Lage ist, einer ausdrücklich erteilten Anordnung nicht „aufs Wort zu folgen", sondern bei Ausführung des ihm erteilten Befehles unter Anwendung einer größeren als von der Bezugsperson beachteten Vorsicht und Aufmerksamkeit auch noch auf die Verkehrslage Bedacht zu nehmen. Da sich der von der Beklagten zu beaufsichtigende Hund jenseits der Straße mit öffentlichem Verkehr befand, hätte sie bei ihrem Zuruf an den Hund auf die von ihr bereits wahrgenommene Radfahrerin Bedacht nehmen müssen. Da sie aber ungeachtet der mit ihrem Fahrrad herannahenden Zweitklägerin das Tier in Kenntnis seiner besonderen Folgsamkeit beim Namen rief, haben ihr die Vorinstanzen mit Recht ein Verschulden an dem Unfall angelastet und ihre Haftung als Aufsichtsperson für die Unfallsfolgen im Sinne des § 1320 Satz 1 ABGB als gegeben erachtet (OHG 4. 7. 1984, 8 Ob 571/84; ZVR 1985/45).

Nr. 6

Auch wenn jemand drei verschiedene Berufe ausübt, ist er doch als einheitliche Person anzusehen. Der Ausdruck „Sudelschreiber“ ist durch die Freiheit der Berichterstattung nach der Menschenrechtskonvention nicht gedeckt und stellt eine übliche Nachrede dar.

Der Ausdruck „Sudelschreiber“ bedeutet in dem Zusammenhang, in dem er gebraucht wurde, daß der Kläger andere Personen auf eine strafbare Art durch von ihm verfaßte Artikel „besudelt“ hat. Die Bezeichnung als „Sudelschreiber“ stellt daher eine übliche Nachrede dar.

Zu Unrecht beruft sich die Beklagte auf die Freiheit der Berichterstattung gemäß der Menschenrechtskonvention und auf ihr Informationsrecht und ihre Informationspflicht. Es ist auch unzulässig, die Person des Klägers in drei verschiedene Personen aufzuspalten, nämlich in einen Journalisten, einen Herausgeber von Medien und in einen Werbekaufmann. Mag der Kläger auch drei verschiedene Berufe ausüben, so ist er doch eine einheitliche Person (Handelsgericht Wien 2. 2. 1984, 19 Cg 5/84).

Anmerkung:

Die Beklagte meinte, sie könnte einen Wettbewerbsverstoß durch den Hinweis darauf ausschließen, daß sie den Kläger nur in seiner Eigenschaft als Journalist einen Sudelschreiber genannt habe.

Nr. 7

Zur Nützlichkeit von Kürbiskernen.

Der Kürbis, insbesondere der Kern, ist schon seit Jahrhunderten als Hausmittel gegen Blasenleiden verwendet worden, wobei medizinische Untersuchungen in den letzten Jahren die Richtigkeit der Volksmedizin bestätigt haben. Kürbiskerne helfen bei Blasenbeschwerden und Prostataleiden, sind aber auch geeignet, eine stimulierende Wirkung im Sexualbereich zu erzeugen (in einschlägigen japanischen Etablissements werden je 10 Stück Kürbiskerne in Plastikfolie eingeschweißt und für derartige Zwecke angeboten, wobei jedoch dem Gericht nicht bekannt ist, ob nach dem Genuß auch jeder Kern den gewünschten Erfolg gezeigt hat)...

Diese Feststellungen stützen sich auf die angeführten Untersuchungen und Schreiben, insbesondere jedoch auf das überzeugende Gutachten des Sachverständigen Dr. M, der für alle seine Darstellungen Literatur bzw. Untersuchungsergebnisse vorzuweisen vermochte (Bezirksgericht Klagenfurt 22. 12. 1983, 14 U 317/83).

Anmerkung:

Das Gericht hatte sich mit der Frage zu befassen, ob der Beschuldigte gesundheitsschädliche, den Bestimmungen des Lebensmittelgesetzes nicht entsprechende Produkte in Verkehr gebracht hat.

Nr. 8

Unfall beim Betrieb eines Kraftfahrzeuges.

Stoßen zwei in Betrieb befindliche Kraftfahrzeuge zusammen, dann kann kein Zweifel daran bestehen, daß es sich um einen Unfall handelt, der sich im Sinne des § 1 EKHG beim Betrieb dieser beiden Fahrzeuge ereignete (OGH 18. 11. 1982, 8 Ob 207/82; ZVR 1984/49).

Anmerkung:

Für die Haftung des Halters eines Kraftfahrzeuges nach dem Eisenbahn- und Kraftfahrzeughaftpflichtgesetz (EKHG) ist Voraussetzung, daß sich der Unfall „beim Betrieb" des Kraftfahrzeuges ereignet hat (§ 1 EKHG).

Nr. 9

Zu den wesentlichen Merkmalen eines Kobolds gehört es, daß er ein Geist ist, und daher im Gegensatz zu einem Pumuckl keine sichtbare Gestalt aufweist.

Es geht darum, ob die beklagte Partei durch die Herstellung von Puppen die Urheberrechte der klagenden Partei am Pumuckl verletzt und Wettbewerbsverstöße begangen hat.

Folgendes steht fest:

E. K. veröffentlichte die erste Pumuckl-Geschichte – „Meister Eder und sein Pumuckl" – im Jahre 1965. Pumuckl wurde auch Hauptfigur einer Fernsehserie, die derzeit im österreichischen Fernsehen läuft. Ihre Kennmelodie ist „Hurra, hurra, der Pumuckl ist da". Der gezeichnete Pumuckl hat einen übergroßen Kopf mit rotem Wuschelhaar, übergroße Füße, eine rote Knollennase mit schwarzen Punkten, rote Wangen, schwarze Augenbrauen, einen schwarzen Mund, der sich seitlich zu einem schwarzen Strich verengt und aus dem zwei weiße Schneidezähne hervorleuchten, abstehende Ohren und dünne Beine. Die echte Pumuckl-Puppe hat keine Augenbrauen, eine Knollennase, die nur an der Nasenspitze rot ist und rote Zehennägel. Sie trägt eine Plakette mit der Aufschrift „Ich bin Pumuckl, der Liebling aller Kinder!"

Die von der Beklagten verkaufte Puppe ist größer, sie hat schwarze Augenbrauen, eine zur Gänze rote Knollennase und auffallend abstehende Ohren. Ihre Füße sind zwar übergroß, aber nicht in dem Maß disproportional wie die Füße des echten Pumuckl. Sie hat keine roten Zehennägel. Beim Mund fehlt der seitlich weiterführende schwarze Strich. Ein Teil der Puppen trägt eine Plakette, die mit „Kobold" beschriftet ist.

Aus der rechtlichen Beurteilung des Gerichtes:

Daß Kobolde, wie das Erstgericht an Hand eines Lexikons als bescheinigt annahm, im Volksglauben Hausgeister mit ambivalentem Wesen und unterschiedlicher Gestalt sind, bestreitet die Viertbeklagte nicht. Unter einem Kobold versteht man einen im Volksglauben existierenden, sich in Haus und Hof aufhaltenden, zwergenhaften Geist, der zu lustigen Streichen aufgelegt, zuweilen auch böse und tückisch ist, einen

Hausgeist, ursprünglich wahrscheinlich einen Hausgott oder Herdgott, seinem Wesen nach ein helfender Hausgeist mit wechselndem Gemüt (vgl Duden, Das große Wörterbuch der deutschen Sprache, Band 4, 1506; Der große Duden, Etymologie 342; Duden, Stichwörterbuch 319; Brockhaus, Enzyklopädie, 10. Band, KAT bis KZ, 315; eingehend: Deutsches Wörterbuch von Jakob und Wilhelm Grimm, 5. Band, 1547). Wesentlich ist jedenfalls, daß der Kobold ein Geist ist und als solcher für den Menschen unsichtbar – von Ausnahmen abgesehen – keine sichtbare Gestalt aufweist. Daß ein sichtbarer Kobold ganz anders aussehen kann als der Pumuckl, beweisen schon die gerichtsbekannten „Schlümpfe“, die ebenfalls Kobolde sind (vgl 4 Ob 319/83). (OLG Wien 21. 7. 1983, 1 R 136/83).

Anmerkung:

Daß die Schlümpfe gerichtsbekannt sind, soll nicht etwa heißen, daß sie immer wieder mit dem Recht in Konflikt geraten. Auch in dem oben zitierten Verfahren 4 Ob 319/83 (ÖBl 1984, 26) hatte sich der Kläger nicht über das Verhalten der Schlümpfe beschwert, sondern geltend gemacht, daß er ihr alleiniger Urheber sei. Die Beklagte habe die Figuren widerrechtlich beim Vertrieb von Schulartikeln verwendet, zB als Skateboard-Fahrer und als „Superman“. Die Beklagte wandte unter anderem ein, die von ihr geschaffenen Zwerge erweckten den Eindruck geistiger und körperlicher Wendigkeit und unterschieden sich dadurch deutlich von den Kobolden des Klägers, welche durch eine gewisse Behäbigkeit und Tolpatschigkeit gekennzeichnet seien, doch wurde diesem Einwand keine Berechtigung zuerkannt.

Nr. 10

Das Tragen von Stöckelschuhen in Tiefgaragen stellt keinen Sorgfaltsverstoß dar.

Jeder Garagenbenützer kann davon ausgehen, daß der Garagenunternehmer seiner vertraglichen und gesetzlichen Verkehrssicherungspflicht nachkommt und die Rutschfestigkeit beeinträchtigende Ölflecken, die eine Gefahr für Fußgänger darstellen können, in regelmäßigen und zumutbaren Abständen beseitigt. Schon aus diesem Grund kann das einer weitverbreiteten Mode entsprechende Tragen von Stöckelschuhen mit 8 cm hohen Absätzen in Tiefgaragen keinen Sorgfaltsverstoß begründen. Andernfalls fiele auch allen Besucherinnen von Theatern, Konzerten, Restaurants und ähnlichen Veranstaltungen, bei denen häufig derartige Schuhe getragen werden, ein Sorgfaltsverstoß zur Last, was der Verkehrsanschauung widerspräche (OGH 30. 11. 1983, 1 Ob 784/83; ZVR 1984/122).

Anmerkung:

Weil der Garagenunternehmer die Abstellplätze (gegen Entgelt) zur Verfügung stellt, hat er auch für eine gefahrlose Benützung zu sorgen. Bei eigener Sorglosigkeit des Verletzten kann aber der Schadenersatzanspruch ganz entfallen oder gemindert sein (§ 1304 ABGB).

Nr. 11

Musikausübung ist nur dann Kunst, wenn sie die Neuschöpfung des Tonstückes aus der Seele des Musikers bedeutet. Musiker in Vergnügungslokalen oder Gaststätten leisten Dienste höherer Art, es sei denn, daß es bei den Aufführungen nicht darauf ankommt, ob die Tonstücke nach Tonhöhe und Zeitmaß richtig wiedergegeben werden.

Aus der Begründung des Obersten Gerichtshofs:

Grundsätzlich und ohne weitere Unterscheidung nach Zeit und Gelegenheit der Musik und der Art des einzelnen Falles hat der OGH am 7. Februar 1928 (SZ 10/91) entschieden: „Musik ist Kunst, nicht Handwerk. Sie erfordert nicht bloß Vorbildung und Übung, sondern auch Verständnis zur Ausübung." Danach müßte die Tätigkeit des Musikers in jedem Falle als eine höhere gewertet werden. Allein es kann wohl bezweifelt werden, ob Musik in allen Formen der Ausübung Kunst und nicht Handwerk sei. Kunst ist Musikausübung nur dann, wenn sie die Neuschöpfung des Tonstückes aus der Seele des Musikers bedeutet. Daß diese Voraussetzung für jede Musikausübung zutrifft, kann gewiß nicht behauptet werden. Es ist zwar zuzugeben, daß schon die phonisch und rhythmisch richtige Wiedergabe eines Tonstückes eine geistige Leistung ist. Sie erfordert Intelligenz und Verständnis, bei Mitwirkung in einem Ensemble auch Einfühlung des einzelnen in das Ganze. Der Musiker leistet daher in diesem Falle gewiß eine Arbeit, die weit über das hinausgeht, was von dem Durchschnitt der Arbeitnehmer an geistiger Leistung verlangt wird.

Anmerkung:

Die hier vom Obersten Gerichtshof behandelte Frage ist vor allem arbeitsrechtlich von Bedeutung. So findet zB das Angestelltengesetz nur auf Dienstverhältnisse Anwendung, bei denen der Dienstnehmer vorwiegend zur Leistung kaufmännischer oder zur Leistung „höherer nicht kaufmännischer Dienste" oder zu Kanzleiarbeiten angestellt ist (§ 1 AngG).

Zum Begriff „Kunst" siehe auch die Entscheidungen Nr. 15, Nr. 34 und Nr. 40.

Die Handleistung, die in den meisten Fällen eine jahrelange Vorbildung und Übung erfordert, läßt sich, wenn man dabei nicht nur an die Handfertigkeit, sondern an Rhythmik und Dynamik denkt, ohne geistige Arbeit gar nicht ausführen. Die Leistung des Musikers, wenn sie geeignet ist, das Tonstück in jeder Beziehung richtig wiederzugeben, muß daher als eine höhere Dienstleistung angesehen werden.

Es gibt aber gewiß Aufführungen, bei denen aus Zeit, Ort und anderen Umständen zu erkennen ist, daß eine richtige Durchführung des Musikstückes weder vom Dienstgeber noch vom Publikum ernstlich gefordert wird und nach den Fähigkeiten der Beteiligten auch gar nicht gefordert werden kann. Wer in einem Nachtcafé in der Vorstadt Klavier spielt und dafür Trinkgeld nimmt, von dem wird eine tonisch und rhythmisch richtige Wiedergabe der gespielten Tonstücke, ganz abgesehen von der Art des Vortrages, gar nicht erwartet; er soll nur allgemein Stimmung machen. Oder man denke an die Musik bei einem Bauerntanz, an Straßenmusik oder an eine Zigeunerkapelle und ähnliches. In allen diesen Fällen, wo das Publikum schon befriedigt ist, wenn halbwegs der Rhythmus eingehalten wird oder wenigstens die Melodieführung im wesentlichen richtig ist, wird man die Dienste des Musikers nicht als höhere Dienste ansehen dürfen (OGH 7. 10. 1930, Präs. 528/29; JB 37 neu = SZ 12/205).

Nr. 12

Werden beim Heurigen aufgenommene Bilder von zwei Rechtsanwaltsanwärtern in einem Fernsehbeitrag mit dem Titel „Wiens Papagalli“ so eingeblendet, daß der Eindruck entsteht, sie seien solche Papagalli auf der Suche nach Damenbekanntschaften, so erscheint ein Schadenersatz von je S 20.000,– besonders dann nicht überhöht, wenn die Rechtsanwaltsanwärter in Juristenkreisen ironisch angesprochen werden und Klienten sie nicht mehr für vertrauenswürdig halten.

Der drittbeklagte ORF strahlte am 27. 8. und am 30. 8. 1969 in der Fernsehsendereihe „Horizonte“ den Beitrag „Wiens Papagalli“ aus, in welchem Bilder der beiden Kläger eingeblendet waren. Die Kläger behaupten, Text und Aufmachung dieses vom Erstbeklagten und vom Zweitbeklagten (einem Redakteur und einem Kameramann des ORF) für den Drittbeklagten hergestellten Beitrages hätten bei unbefangenen Zusehern den Eindruck hervorgerufen, die Kläger, deren Bilder in die Sendung unbefugt aufgenommen wurden, seien „Papagalli“ auf der Suche nach Damenbekanntschaften. Beide Kläger seien seit Jahren verheiratet und als Rechtsanwaltsanwärter tätig; die Sendung habe sie dem allgemeinen Spott ausgesetzt und ihr Ansehen schwer geschädigt. Der Drittbeklagte habe die beanstandete Sendung trotz anwaltlicher Aufforderung, von einer Wiederholung Abstand zu nehmen, gar ein zweites Mal ausgestrahlt. Die Kläger verlangen die Unterlassung jeder weiteren Veröffentlichung ihrer Bildnisse sowie die Beseitigung des diese Bilder zeigenden Teils des

---

Anmerkung:

Bildnisse von Personen dürfen weder öffentlich ausgestellt noch auf eine andere Art, wodurch sie der Öffentlichkeit zugänglich gemacht werden, verbreitet werden, wenn dadurch berechtigte Interessen des Abgebildeten oder, falls er gestorben ist, ohne die Veröffentlichung gestattet oder angeordnet zu haben, eines nahen Angehörigen verletzt würden (§ 78 Abs 1 Urheberrechtsgesetz). Dem durch ein solches rechtswidriges Verhalten Beeinträchtigten ist der schuldhaft zugefügte Schaden zu ersetzen. Der Verletzte kann auch eine angemessene Entschädigung für die in keinem Vermögensschaden bestehenden Nachteile verlangen, die er durch die Handlung erlitten hat (§ 87 Abs 2 UrhG).

Fernsehbeitrages; außerdem begehren sie von allen drei Beklagten zur ungeteilten Hand eine Entschädigung von je S 20.000,–. Alle drei Instanzen gaben dem Klagebegehren statt.

Aus den Entscheidungsgründen des Obersten Gerichtshofs: Die Kläger wurden im Fernsehfilm in einer Weise gebracht, die als verfänglich und herabsetzend beurteilt werden muß. Dazu kommt, daß der Drittbeklagte die strittige Sendung ein zweites Mal gebracht hat, obwohl die Kläger in der Zwischenzeit nachdrücklich durch einen Anwalt gefordert hatten, daß eine neuerliche Sendung des Fernsehfilms unterbleibe. Unter diesen Umständen muß nicht nur von einer fahrlässigen, sondern bezüglich der zweiten Sendung sogar von einer vorsätzlichen Verletzung des Rechts der Kläger an ihren Bildnissen gesprochen werden.

Die Untergerichte haben festgestellt, daß in den ersten Wochen nach der Sendung sowohl die Kläger selbst als auch die Mutter und die Schwester des Erstklägers sowie Kanzleikräfte der Rechtsanwaltskanzlei Dr. G immer wieder wegen der Sendung angesprochen wurden, wobei zum Teil vermutet wurde, daß sich die Kläger für die Aufnahmen zur Verfügung gestellt hätten, zum Teil aber, daß die Kläger als „Papagalli" photographiert worden seien. Die Kläger seien deswegen in Juristenkreisen teils in ironischer, teils in herabsetzender Form angesprochen worden. Dieses Verhalten verstärkte sich nach der zweiten Sendung, da den Klägern vorgehalten wurde, daß sie nicht einmal die zweite Sendung verhindern konnten. Klienten der Rechtsanwälte Dr. G und Dr. H sprachen sich gegen eine Vertretung durch die beiden Kläger aus, weil sie meinten, solche Personen seien nicht genug vertrauenswürdig. Selbst nach Aufklärung dieser Klienten zeigten sich immer wieder deren innere Vorbehalte gegen die beiden Kläger. Geht man von diesem festgestellten Sachverhalt aus, dann erscheinen die den Klägern zugesprochenen Schadenersatzbeträge von je S 20.000,– nicht überhöht (OGH 14. 7. 1970, 4 Ob 335/70; ÖBl 1971, 56).

Nr. 13

Hängt ein Fußtritt mit der beruflichen Tätigkeit nicht zusammen, so ist er den Gefahren des täglichen Lebens zuzurechnen.

Der Kläger nahm die Beklagte (eine Versicherungsunternehmung) aus einer Hausratversicherung, die mit einer Haftpflichtversicherung gegen die Gefahren des täglichen Lebens verbunden war, auf Gewährung von Versicherungsschutz in Anspruch. Er hatte am 26. 8. 1974 während der Arbeitszeit einen anderen Arbeiter durch einen Fußtritt verletzt. Alle Instanzen gaben der Klage statt.

Aus den Entscheidungsgründen des Obersten Gerichtshofs:

Da nach den ausdrücklichen Feststellungen der Untergerichte der Fußtritt mit der betrieblichen Tätigkeit des Klägers nicht zusammenhing, sondern Teil einer rein privaten Auseinandersetzung war, ist er der Berufsausübung des Klägers nicht zuzurechnen. Im übrigen wurde bereits in dem im selben Verfahren ergangenen Beschluß vom 29. 4. 1976 ausgeführt, daß auch Hänseleien mit dabei vorkommenden leichten und aus Spaß, ohne Verletzungsabsicht erteilten Fußtritten den Gefahren des täglichen Lebens zuzuordnen sind. Daß diese Voraussetzungen hier gegeben sind, ergibt sich aus den getroffenen Feststellungen, die den OGH, der nicht Tatsacheninstanz ist, binden. Demnach kann auch nicht davon ausgegangen werden, daß der vom Kläger versetzte Fußtritt ein starker war (OGH 7. 7. 1977, 7 Ob 44/77; VersR 1978, 532).

Anmerkung:

Die mit einer Haushaltversicherung verbundene Haftpflichtversicherung deckt nur Schadenersatzverpflichtungen des Versicherungsnehmers als Privatperson „aus den Gefahren des täglichen Lebens mit Ausnahme der Gefahr einer betrieblichen, beruflichen oder gewerblichen Tätigkeit“ (Art 17 Abs 1 lit a ABH). Siehe auch Entscheidung Nr. 35.

Nr. 14

Ein Nachbar kann nicht dazu verhalten werden, eine Lärmbelästigung durch in seinem Teich befindliche quakende Frösche abzustellen, wenn das Fangen der Frösche eine durch Naturschutzgesetz verbotene Beeinträchtigung darstellt.

Die Kläger behaupten, daß sich im Laufe der Zeit immer mehr Frösche auf dem Grundstück des Beklagten eingefunden hätten, die durch ihr Quaken so erheblichen Lärm verursachten, daß dieser gesundheitsgefährdend sei, und verlangen ihre Entfernung.

Das Landgericht wies die Klage ab: Die Entfernung der Frösche verstößt gegen § 25 HessNatG. Zu den durch diese Vorschrift besonders geschützten Tieren gehören alle europäischen Lurcharten und damit auch die im Teich des Beklagten lebenden Frösche. Allerdings ist den Klägern zuzugeben, daß die Frösche nicht im Sinne von § 25 Abs 1 HessNatG „der freien Natur entnommen" werden, wenn sie vom Grundstück des Beklagten entfernt werden. Denn der Begriff der freien Natur ist mit dem des unbesiedelten Bereichs gleichzusetzen. Mit dem Entfernen der Frösche ist jedoch zwangsläufig eine sonstige Beeinträchtigung im Sinne von § 25 Abs 1 HessNatG verbunden, wie sie in Abs 2 Nr. 2 dieser Vorschrift näher konkretisiert ist. Nach dieser Bestimmung ist es insbesondere verboten, Tieren der besonders geschützten Arten nachzustellen und sie zu fangen. Da Fangen bedeutet, ein Tier seiner Freiheit zu berauben mit der Absicht, ihm diese nicht alsbald und am Ort des Zugriffs wiederzugeben, kann es keinem Zweifel unterliegen, daß auch das Ergreifen des Tieres zum Zwecke seiner Umsetzung in ein anderes Gebiet sich als ein verbotswidriges Fangen darstellt.

Die Beseitigung des Teiches als weitere denkbare Maßnahme zur Verhinderung der Lärmbelästigung ist ebenfalls bereits nach § 25 Abs 1 HessNatG verboten. Da die Frösche durch eine solche Maßnahme ihres Lebensraums beraubt werden, liegt auch hierin eine erhebliche sonstige Beeinträchtigung im Sinne dieser Vorschrift (Landgericht Hanau 6. 11. 1984, 2 S 343/84; NJW 1985, 500).

Nr. 15

Musikalische Produktionen wie „Halli, hallo, heute san ma blederweise mit der Alten da“ vermitteln keine ästhetischen Erlebnisse, wie sie um der Kunst willen geschaffene Werke schenken.

Der Beschwerdeführer tritt gemeinsam mit einer anderen Person öffentlich im Musikduo auf; er gibt seinen Beruf als „Musiker und Komponist“ an. Der Beschwerdeführer und sein Partner treten nach den Feststellungen der belangten Behörde vorwiegend in Gastbetrieben, bei Zeltfesten, Jahrmärkten und sonstigen Volksfesten auf. Das Programm besteht dabei aus dem Gesang volkstümlicher Lieder und der Darbietung von Jodlern mit Gitarren- und Akkordeonbegleitung. Die belangte Behörde stellte die Künstlereigenschaft des Beschwerdeführers in Abrede und nahm eine gewerbliche Tätigkeit an.

Der Verwaltungsgerichtshof wies die dagegen gerichtete Beschwerde aus folgenden Gründen ab: Die Darbietung bloßer Unterhaltungsmusik ist ausnahmsweise dann als freiberufliche Tätigkeit zu werten, wenn 1. die Darbietung, wenn auch im Rahmen von Unterhaltungsveranstaltungen, durch einen in seinem Fach anerkannten Künstler und 2. tatsächlich als Kunstmusik um der Kunst willen und nicht – wie bei Tanzveranstaltungen, Kirtagen, Ausstellungen, Weinmessen, Heurigen und ähnlichem – um der Stimmung willen geboten wird. Musikalische Produktionen, wie die dem Titel nach in der Begründung des angefochtenen Bescheides angeführten (zB „Der Mädchenschleifer“, „Hiasls Fenstersturz“, „Geh nie allein in den Wald, Marie“, „Halli, hallo, heute san ma blederweise mit der Alten da“), vermitteln keine ästhetischen Erlebnisse, wie sie um der Kunst willen geschaffene und vorgetragene Kunstmusik schenkt. Daran vermag auch der Umstand

Anmerkung:

Es geht darum, ob die vom Beschwerdeführer erzielten Einkünfte solche aus „gewerblicher Tätigkeit“ oder solche aus „künstlerischer“ oder „sonstiger freiberuflicher Tätigkeit“ sind, was für ihre Besteuerung von Bedeutung ist. Siehe auch die Entscheidungen Nr. 11 und Nr. 40.

nichts zu ändern, daß die Musik des Beschwerdeführers bei einem größeren Hörerkreis Anklang findet und auf Grund ihres wirtschaftlichen Erfolges ausgezeichnet worden ist (VwGH 7. 6. 1983, 82/14/323, 339; RdW 1983, 31).

Nr. 16

Die Fahrbahn von rechts nach links im langsamen Gehtempo überquerende Turkenten schaffen keine neuartige Gefahr für den Straßenverkehr.

Am 4. Mai 1980 lenkte der Kläger seinen Pkw auf der Bundesstraße bei L. Wegen zweier die Fahrbahn querender Turkenten verriß er sein Fahrzeug und stieß damit gegen eine Verkehrstafel, wodurch der Pkw beschädigt wurde. Mit der Behauptung, der Beklagte habe die Verwahrung der Turkenten vernachlässigt, begehrt der Kläger den Ersatz eines Betrages von S 45.246,27.

Folgendes steht fest:

300 bis 500 m nach dem Ende des Ortsgebietes von L, 50 bis 80 m seitlich von dem neben der Straße gelegenen Gutshof, welchen der Beklagte verwaltet, bemerkte der Kläger eine dunkelgefärbte Ente, welche im Begriffe war, die Fahrbahn von rechts nach links im langsamen Gehtempo zu überqueren. Als dies der Kläger bemerkte, war die Ente etwa 1,5 m vom rechten Fahrbahnrand entfernt. Hinter dieser Ente überquerte eine zweite Ente ebenfalls die Fahrbahn. Der Kläger lenkte nach rechts und bremste. Dabei geriet sein Fahrzeug ins Rutschen und fuhr gegen ein Verkehrszeichen. Der Beklagte hatte die in Gefangenschaft gezüchteten Turkenten vor vier oder fünf Jahren auf seinen Hof gebracht. Er hielt sie eine Woche lang in einem Käfig, fütterte sie und versuchte dann, sie in seinem Jagdrevier auszusetzen. Die Turkenten kamen jedoch immer wieder auf seinen Hof zurück, so daß der Beklagte schließlich seine Bemühungen aufgab, sie vom Hof wegzubringen. Er er-

---

Anmerkung:

Wird jemand durch ein Tier beschädigt, so ist derjenige dafür verantwortlich, der es dazu angetrieben, gereizt oder zu verwahren vernachlässigt hat. Derjenige, der das Tier hält, ist verantwortlich, wenn er nicht beweist, daß er für die erforderliche Verwahrung oder Beaufsichtigung gesorgt hatte (§ 1320 ABGB). Als Halter wird angesehen, wer das Tier für eigene Rechnung gebraucht und darüber die Verfügungsmacht hat. *Siehe auch „Käsegeruch“, Seite 9.*

klärte anderen Personen gegenüber sein Einverständnis, die Turkenten zu erlegen und zu verzehren.

Nach Meinung des Erstgerichtes lag keine Verletzung der Aufsichtspflicht vor. Auch bei Tauben bestünde keine besondere Verwahrungspflicht. Der Kläger habe nicht behauptet, der Beklagte habe die Enten bewußt derart nahe der Straße gehalten, daß sie ungewöhnlich häufig die Fahrbahn überqueren könnten, oder daß er den Auslauf der Enten geradezu auf die Fahrbahn geführt habe. Das Berufungsgericht nahm eine Verletzung der Aufsichtspflicht an.

Der Oberste Gerichtshof stellte die Entscheidung des Erstgerichtes mit folgender Begründung wieder her: Der Beklagte war zwar als Tierhalter zu beurteilen, solange er die Turkenten in einem Käfig verwahrte. Nach deren Freilassung dauerte aber seine Haltereigenschaft nicht deswegen jahrelang fort, weil die Turkenten immer wieder zurückkehrten und auf dem Gutshof mit anderem Geflügel mitfraßen. Überdies ging von den freigelassenen Tieren weder eine besondere Gefahr aus, noch wurde eine solche neuartige, ansonsten nicht vorhandene Gefahr für den Straßenverkehr geschaffen (OGH 27. 5. 1982, 8 Ob 105/82; JBl 1983, 379).

Nr. 17

Zur Ausübung des Geschlechtsverkehrs reicht regelmäßig ein Bett, so daß zur Erfüllung der ehelichen Pflicht nicht unbedingt ein Doppelbett notwendig ist. Entbehrlichkeit von Zeugen- und Sachverständigenbeweis.

Der Kläger erlitt am 7. 10. 1970 einen Arbeitsunfall, für dessen Folgen er eine Vollrente bezieht. Er brachte beim Versicherungsträger vor, er habe wegen der Dauerfolgen der Verletzung ein Krankendoppelbett anschaffen müssen, dessen Kosten die beklagte Unfallversicherungsanstalt zu tragen habe. Diese lehnte den Anspruch auf Übernahme der über den Betrag von S 5.175,45 hinausgehenden Kosten für die vom Kläger selbst beschafften Krankenbetten ab. Das Erstgericht wies das Klagebegehren ab, das Oberlandesgericht Wien gab der Berufung des Klägers nicht Folge:

Dem Erstgericht ist darin beizupflichten, daß auf Grund der Bestimmung des § 202 ASVG der beklagte Versicherungsträger nicht verhalten werden kann, durch Beistellung von Hilfsmitteln auch im Rahmen der Intimsphäre zwischen Ehegatten Erleichterungen zu bringen. Der Sinn und Zweck dieser Bestimmung ist nicht so weitreichend, als daß dadurch die vom Kläger begehrten Leistungen gedeckt erscheinen, zumal ja bei diesen Leistungen der Erfolg der Heilbehandlung durch die Beistellung der Mittel und der damit verbundenen Erleichterungen im Vordergrund steht. Das Vorbringen der Berufung, daß das Doppelbett unbedingt zur Erfüllung der ehelichen Pflicht notwendig sei, ist überdies nicht überzeugend, da zur Ausübung des Geschlechtsverkehrs regelmäßig ein Bett ausreicht. Es ginge auch, allgemein gesehen, nicht an, die Intimsphäre der Versicherten in die Rechtssphäre einzubeziehen.

Anmerkung:

§ 202 Abs 1 ASVG: „Der Versehrte hat Anspruch auf Versorgung mit Körperersatzstücken, orthopädischen Behelfen und anderen Hilfsmitteln, die erforderlich sind, um den Erfolg der Heilbehandlung zu sichern oder die Folgen des Arbeitsunfalles oder der Berufskrankheit zu erleichtern. Alle diese Hilfsmittel müssen den persönlichen und beruflichen Verhältnissen des Versehrten angepaßt sein."

Auch liegt keine Mangelhaftigkeit des Verfahrens vor, weil unter diesen gegebenen Umständen weder die Vernehmung der Gattin des Klägers als Zeugin noch die eines Sachverständigen notwendig erscheint (OLG Wien 2. 2. 1977, 20 R 1/77; SSV 17/20).

Nr. 18

„Die Häschenschule“ ist ein urheberschutzfähiges Werk, weil darin der Schulalltag von Hasenkindern, der Abschied von der Mutter, insbesondere die Warnung vor dem Fuchs, und die Flucht der Hasenkinder in origineller und einprägsamer Weise geschildert werden.

Der Antragsteller verlegt das Kinderbuch „Die Häschenschule“. Im Verlag des Antragsgegners erschien 1977 „Janosch's kleines Hasenbuch“, das ebenfalls ein Kinderbuch ist. Der Antragsteller begehrt ein Vervielfältigungs- und Verbreitungsverbot für dieses Buch, der Antragsgegner wendet unter anderem ein, das „Hasenbuch“ weiche in Inhalt und Form wesentlich von der „Hasenschule“ ab. Zum Beispiel werde Jochen Gummibär als Leitfigur durch das ganze Buch geführt. Ferner werde in der „Häschenschule“ der Schulalltag völlig abstrakt dargestellt, während im „Kleinen Hasenbuch“ die Handlung gerade in den Erlebnissen des furchtlosen kleinen Hasenkindes Jochen Gummibär bestehe. Den kleinen Hasen werde hier von den Lehrern und anderen Tieren eingetrichtert, man könne den Fuchs an dem langen roten Schwanz erkennen. Als der Fuchs schließlich ohne diesen Schwanz auftauche, sei Jochen Gummibär der einzige, der sich nicht auf das in der Schule Gelernte verlasse, sondern auf Grund eigener Überlegungen zu dem Schluß komme, dies sei möglicherweise doch der Fuchs.

Der Antragsteller erwirkte eine einstweilige Verfügung, die vom Landgericht aufgehoben wurde. Das Oberlandesgericht gab der dagegen erhobenen Berufung Folge. Aus den Entscheidungsgründen:

Es kann nicht zweifelhaft sein, daß „Die Häschenschule“ ein urheberschutzfähiges Werk darstellt, weil darin der Schulalltag von Hasenkindern, der Abschied von der Mutter und insbesondere die Warnung vor dem Fuchs, sowie die Flucht der Hasenkinder vor dem listigen Fuchs in origineller und einprägsamer Weise geschildert werden. Die Geschichte wird nicht nur in leicht faßlichen und lernbaren Reimen geschildert, sondern auch durch die Zeichnungen und farbigen Bilder von den vermenschlichten Hasen in häuslicher Umgebung und in der Waldschule. Daß es sich hiebei um eine zum Gemeingut gehörige Fabel handelt, hat die Antragsgegnerin nicht darlegen können.

In dem „Kleinen Hasenbuch“ wird durch Text und Bilder sowie durch Zeichnungen in ähnlicher Weise wie in der „Häschenschule“ geschildert, wie die Hasenkinder sich von ihrer Mutter verabschieden, wie die Hasenmutter ihnen die Augen sauberputzt, die Löffel bürstet und ihnen ein Schnupperküßchen mit auf den Weg gibt. Dann machen sich die Hasenkinder auf den Weg zur Schule. Soweit sie unterwegs andere Tiere, wie z. B. den Hahn, den Dachs und den Hirsch treffen, die ebenfalls vor dem Fuchs warnen, handelt es sich um neue Einfälle des Autors, die aber keine wesentliche Änderung gegenüber dem Originalwerk bringen. In der Schule werden gleichfalls parallele Situationen wiedergegeben, wie z. B. die Ostereiermalstunde, die Turnstunde, die Wald- und Wiesenkunde, bei der an einem Schaubild auf die Gefährlichkeit des Fuchses hingewiesen wird, ferner die Singstunde und die Pflanzenkunde. Auf dem Heimweg schließlich begegnen die Hasenkinder in beiden Büchern dem listigen Fuchs, der einen Jägerhut trägt und versucht, die Hasenkinder an sich zu locken. Im Buch des Antragstellers geschieht dies dadurch, daß er die Hasenkinder um ein frisches Blatt bittet und den Eindruck erweckt, als sei er schwach und matt. Im „Kleinen Hasenbuch“ hingegen zeigt er den Hasenkindern seine Rückseite. Da ihm der Schwanz in einer Falle abgeschlagen worden war, will er damit dokumentieren, daß er nicht der Fuchs sei, weil er keinen buschigen Schwanz besitze. Dieser Unterschied ist aber ebenso wie die Einfügung von Jochen Gummibär, einem zu klein geratenen Hasenkind, das wenig Interesse für die Schule aufbringt, aber gern rauft und sich vor nichts fürchtet und das schließlich seine Hasengeschwister rettet, nicht geeignet, dem „Kleinen Hasenbuch“ eine solch eigenartige Prägung zu geben, daß demgegenüber die Züge des Werkes „Die Häschenschule“ verblassen könnten. Die vom Landgericht herausgearbeitete pädagogische Zielrichtung, daß der Verfasser des „Kleinen Hasenbuches“ im Gegensatz zu der autoritär konzipierten „Häschenschule“ die unorthodoxe These vertrete, das in der Schule Erlernte tauge nicht unbedingt zur Bewältigung der Wirklichkeit, ist urheberrechtlich irrelevant und wird den Kindern überwiegend auch nicht bewußt werden (Oberlandesgericht Hamburg 4. 8. 1977, 3 U 101/77; UFITA 86, 289).

Nr. 19

Das Wort „Grammophon“ ist insbesondere deshalb als Vorname nicht zuzulassen, weil es keinen Hinweis auf das Geschlecht des Trägers enthält und dieser bei anderen Menschen mit Befremden oder gar Anstoß rechnen müßte.

Die Beteiligten möchten ihrem Sohn den Vornamen Justin-Philippe Grammophon geben. Das Amtsgericht hat es zutreffend abgelehnt, den Standesbeamten zur Eintragung des gewünschten Vornamens anzuhalten. Nach der Rechtsprechung des Bundesgerichtshofs ist die Wahl der Vornamen beschränkt durch die Grenzen, die sich daraus ergeben, daß die Namensgebung die allgemeine Sitte und Ordnung nicht verletzen darf; dabei gehört es zur rechten Ordnung, daß nicht willkürliche oder ganz ungebräuchliche oder zur Kennzeichnung ihrer Träger ungeeignete Bezeichnungen genommen werden.

Eine solche Bezeichnung ist das Wort Grammophon. Es wird im allgemeinen Sprachgebrauch nicht als Vorname empfunden und gäbe als solcher auch keinen Hinweis auf das Geschlecht seines Trägers. Das Wort Grammophon ist aber nicht nur als Vorname ganz ungebräuchlich und läßt sich auch nicht auf einen griechischen Namen der Vergangenheit zurückführen (vgl Brockhaus-Enzyklopädie 1969: Grammophon = Kunstwort griechisch); es ist vielmehr eingeführt als Bezeichnung für einen Plattenspieler und als solcher, auch als Be-

---

Anmerkung:

„Alpha“ ist nach Auffassung des Amtsgerichtes Duisburg (StAZ 1984, 281) als Vorname neben einem eindeutig männlichen Vornamen eintragungsfähig, nach Auffassung des Amtsgerichtes Bielefeld hingegen nicht (StAZ 1985, 43). Das Hanseatische Oberlandesgericht Hamburg fand „Timpe“ unbedenklich (StAZ 1980, 193).

Wie in Deutschland bestehen auch in Österreich über die Art der Vornamen keine gesetzlichen Vorschriften. Nach § 172 Abs 2 der Dienstanweisung für die Standesbeamten dürfen allerdings Bezeichnungen, „die ihrem Wesen nach keine Vornamen sind“, nicht gewählt werden. Insbesondere kommen anstößige oder sinnlose Bezeichnungen, aber auch Familiennamen als Vornamen nicht in Betracht. Das Landesgericht für ZRS Wien hat allerdings „Dezember“ als vierten Vornamen eines Mädchens zugelassen (E v. 31. 3. 1976, 44 R 29/76; EFSlg 26.576/13).

standteil des Namens einer bedeutenden Schallplattenproduzentin, noch weit verbreitet (vgl Brockhaus-Enzyklopädie aaO: ... Handelsname für Plattenspieler). Seine Verwendung als Vorname muß deshalb auch als willkürlich angesehen werden; der Beschwerdeführer hat irgendeinen mit dieser Namensgebung verstandenen besonderen Sinn trotz Aufforderung dazu nicht dargetan. Es entspricht auch dem Kindeswohl, daß der von den Beteiligten gewünschte Vorname nicht zugelassen wird. Der Träger eines solchen Vornamens müßte mit Befremden oder gar Anstoß bei anderen Menschen rechnen, wenn er sich des Vornamens bediente. Auch bei einer die Grenzen des Rechts der Namensgebung möglichst weitsteckenden Auffassung kann die Beschwerde nach allem keinen Erfolg haben. Daß das Wort Grammophon nicht der einzige Vorname des Kindes sein soll, rechtfertigt keine andere Entscheidung. Dadurch wird nicht ausgeschlossen, daß auch dieser Vorname tatsächlich und allein gebraucht würde (Landgericht Hamburg 23. 1. 1973, 1 T 230/72; StAZ 1973, 165).

Nr. 20

Bei Beschädigung einer 7 Jahre alten, aber insgesamt 15 Jahre haltbaren Zahnbrücke gebühren die vollen Kosten einer neuen Brücke, weil nicht gesagt werden kann, daß die neue Brücke länger als 8 Jahre (restliche Gebrauchsdauer der alten Brücke) dienlich sein wird.

Die Klägerin wurde bei einem Verkehrsunfall auf der Westautobahn verletzt. Streitig ist die Höhe des in der Klage begehrten Kostenersatzes (S 38.905,82). Das Erstgericht stellte fest, daß aus medizinischer Sicht eine Neuanfertigung und Neueinzementierung der Zahnbrücke erforderlich sei, sprach jedoch nur einen Teilbetrag zu, weil die Klägerin durch die neue Brücke einen Vorteil erlange. Das Berufungsgericht und der Oberste Gerichtshof gaben dem Klagebegehren zur Gänze statt:

Es ist davon auszugehen, daß die Geschädigte Anspruch auf Ersatz des erlittenen Schadens hat, durch die Ersatzleistung aber weder schlechter noch besser gestellt werden darf als vor dem Schadensereignis. Im vorliegenden Fall kommt jedoch der von der beklagten Partei begehrte Abzug von den Herstellungskosten nicht in Betracht: Bei einem teilweisen Zahnersatzstück, wie es eine Zahnbrücke darstellt, ist erfahrungsgemäß nicht allein die Haltbarkeit dieser Sache als solcher, sondern ihre Verwendbarkeit im Zusammenhang mit dem verbliebenen natürlichen Zahnbestand des Trägers von erheblicher Bedeutung. Es kommt also ganz wesentlich auf die

---

Anmerkung:

Die Entscheidung berührt das Problem „neu für alt“: Erhält der Beschädigte nur den Wert der alten Sache (Zahnbrücke), so ist ihm damit nicht gedient, weil er sich keine gebrauchte beschaffen kann und will. Erhält er die Kosten für eine neue Brücke, so zieht er anscheinend aus dem Schaden einen Vorteil, weil die alte Brücke nicht mehr so lange gehalten hätte, wie die neue hält. Zum Teil wird die Auffassung vertreten, daß in solchen Fällen der Schädiger den Wert der gebrauchten Sache zu ersetzen und außerdem die Zinsen für das zur Neuanschaffung benötigte Kapital bis zu dem Zeitpunkt zu tragen hat, in dem auch die alte Sache unbrauchbar geworden wäre (der Beschädigte also ohnedies eine neue hätte kaufen müssen).

besonderen, kaum vorhersehbaren subjektiven Umstände an. In dieser Hinsicht kann aber hier nicht von vornherein gesagt werden, daß die neue Zahnbrücke der Klägerin jedenfalls länger als acht Jahre, dh die restliche Gebrauchsdauer der ursprünglichen Zahnbrücke, dienlich sein wird. Somit ist aber eine von den Revisionswerbern behauptete Besserstellung und damit Bereicherung der Klägerin nicht zugrundezulegen (OGH 12. 4. 1983, 2 Ob 56/83; JBl 1984, 491).

Nr. 21

Die Werbung für eine Strumpfhose mit der Ankündigung „Hält Beine geruchlos“ führt zumindest bei einem noch erheblichen Teil der angesprochenen Verkehrskreise nicht zu der Annahme, man könne auf regelmäßige Körperreinigung und das Wechseln und Waschen der Strumpfhose verzichten.

Das Berufungsgericht war der Ansicht, die Hygiene sei in Österreich so weit fortgeschritten, daß der weibliche Durchschnittskonsument Feinstrumpfhosen öfter wechsle und wasche, sich die Füße reinige und nicht erwarte, diese Hygienegewohnheiten beim Tragen der mit dem Werbeslogan „Hält Beine geruchlos“ angepriesenen Feinstrumpfhose vernachlässigen zu können.

Aus der Begründung des Obersten Gerichtshofs:

Nach den Ergebnissen des Verfahrens ist davon auszugehen, daß beim Tragen der nach dem „S-Verfahren“ antimikrobiell ausgerüsteten Feinstrumpfhosen bei entspechender Körperpflege jedenfalls durch erhebliche Zeit unangenehmer Körpergeruch (insbesondere Fußschweißgeruch) nicht auftritt. Da die angesprochenen Verkehrskreise (bzw. ein noch erheblicher Teil von ihnen) keineswegs annehmen werden, man könne beim Tragen derart behandelter Feinstrumpfhosen auf die üblichen Hygienegewohnheiten (regelmäßige Körperreinigung und regelmäßiges Wechseln und Waschen der Feinstrumpfhosen) verzichten, ist die von der Klägerin beanstandete Ankündigung der Beklagten „Hält Beine geruchlos“ nicht geeignet, das Publikum über die besonderen Eigenschaften dieser Feinstrumpfhosen in Irrtum zu führen (OGH 10. 1. 1984, 4 Ob 407/83; ÖBl 1984, 73).

Nr. 22

Ein unvorhersehbar auftretender dringender Stuhldrang stellt für den Lenker eines KFZ eine Situation dar, die ihn dazu zwingen kann, sein Fahrzeug unverzüglich und ungeachtet einer bestehenden Verpflichtung zur vorherigen Entrichtung der Parkometerabgabe abzustellen, um eine Toilette aufzusuchen.

Der Beschwerdeführer verantwortete sich dem Vorwurf gegenüber, mehrmals ein näher bezeichnetes mehrspuriges Kraftfahrzeug in derselben gebührenpflichtigen Kurzparkzone in Wien abgestellt zu haben, ohne daß die Parkometerabgabe durch einen ordnungsgemäß entwerteten Parkschein entrichtet gewesen sei und solcherart die Parkometerabgabe fahrlässig verkürzt zu haben, wie folgt: Er sei jeweils auf der Fahrt von seinem Wohnhaus in P zu seinem Anwaltsbüro in Wien im letzten Teil der Strecke von Magen- und Darmgrimmen mit dringendem Stuhldrang befallen worden und hätte sich und möglicherweise andere Verkehrsteilnehmer in Gefahr gebracht, hätte er nicht so rasch wie möglich die Toilette in seinem Büro aufgesucht. Es wäre ihm die Weiterfahrt auch nur für ein paar zusätzliche Minuten plus Wegzeit vom Parkplatz oder die Besorgung eines Parkscheines biologisch unmöglich bzw. unzumutbar gewesen. Da sich Magen- und Darmbeschwerden in P bereits öfter ereignet hätten und dort gemeiniglich bekannt sei, daß die Trinkwasserqualität zu wünschen übrig lasse, habe der Beschwerdeführer entsprechende Veranlassungen getroffen. Zum Beweis dieser Veranlassungen legte der Beschwerdeführer der Behörde sein Schreiben vom 10. August 1982 an einen Sachverständigen um Untersuchung der Trinkwasserqualität und das Antwortschreiben vom 13. Oktober 1982 vor.

Die belangte Behörde hielt der Verantwortung des Beschwerdeführers folgendes entgegen: Wie der Berufungswerber selbst ausführte, tritt das Phänomen der Darmbeschwerden mit dringendem Stuhldrang im Raume P wiederholt auf. Es mußte sich der Berufungswerber daher schon vor Fahrtantritt darauf einstellen und zB Parkscheine mitführen, um allenfalls auch in einer gebührenpflichtigen Kurzparkzone halten zu können. Die physische und psychische Konzentration, die das richtige Ausfüllen eines Parkscheines erfordert, ist so gering, daß dies auch beim Auftreten des geschilderten Darmgrimmens zumutbar ist.

Der Verwaltungsgerichtshof hat erwogen:

Die Parteien sind sich zu Recht darin einig, daß ein unvorhersehbar auftretender dringender Stuhldrang für den Lenker eines Kraftfahrzeuges eine Situation darstellt, die ihn dazu zwingen kann, sein Fahrzeug unverzüglich und ungeachtet einer bestehenden Verpflichtung zur vorherigen Entrichtung der Parkometerabgabe abzustellen, um eine Toilette aufsuchen zu können. Der Beurteilung dieses Verhaltens als Verwaltungsübertretung der fahrlässigen Abgabenverkürzung stünde der Mangel der Zumutbarkeit rechtmäßigen Verhaltens (normatives Schuldelement) entgegen. Es fehlte also an der Schuld.

Der Beschwerdeführer hat sich aber schon dadurch, daß er sich angesichts der aus der ihm bekannten schlechten Wasserqualität drohenden körperlichen Beeinträchtigung darauf eingelassen hatte, selbst ein Kraftfahrzeug zu lenken, in die gefährliche Situation begeben, die schließlich dazu führte, daß er unter Verkürzung der Parkometerabgabe sein Fahrzeug in einer gebührenpflichtigen Kurzparkzone abstellen mußte. Da sich der Beschwerdeführer auf die voraussehbare Gefahrensituation ohne einen von der Rechtsordnung anerkannten Grund eingelassen hatte, konnte er sich nicht mit Erfolg auf Notstand berufen (VwGH 25. 5. 1984, 84/17/0029).

Nr. 23

Ein Bundesheerzugsführer ist kein Kind.

Es besteht keine Kindeseigenschaft im Sinne des § 252 Abs 2 Z 1 ASVG bei einem Zugsführer des Bundesheeres, der die im Heeresgebührengesetz festgelegten Bar- und Sachbezüge erhält und die berufliche Ausbildung des Bundesheeres in Anspruch nimmt, indem er das Bundesrealgymnasium an der Theresianischen Militärakademie besucht (OLG Wien 6. 3. 1984, 35 R 59/84; INFAS S 43/84).

Anmerkung:

Nach § 252 Abs 2 ASVG gelten (für sozialversicherungsrechtliche Leistungen) Personen auch nach der Vollendung des 18. Lebensjahres als Kinder, wenn sie sich in einer Schul- oder Berufsausbildung befinden, die ihre Arbeitskraft überwiegend beansprucht.

Nr. 24

Ein gesunder Mann muß nach einer verkürzten Nacht, in deren Verlauf es allenfalls auch zu einem Geschlechtsverkehr gekommen sein mag, noch nicht so übermüdet sein, daß ihn dies außerstande setzt, ein Kraftfahrzeug während nicht übermäßig langer Zeit anstandslos zu lenken.

Die Beklagte (ein Versicherungsunternehmen) geht von bloßen Vermutungen aus. Dafür, daß der Kläger infolge außergewöhnlich anstrengender geschlechtlicher Betätigung in einem Zustand war, der ihm den Schluß auf eine Übermüdung zwingend nahegelegt hätte, ergab das Verfahren keinen Anhaltspunkt. Ein gesunder Mann im Alter des Klägers muß nach einer verkürzten Nacht, in deren Verlauf es allenfalls auch zu einem Geschlechtsverkehr gekommen sein mag, noch nicht so übermüdet sein, daß ihn dies außerstande setzt, ein Kfz während nicht übermäßig langer Zeit anstandslos zu lenken, und zwar auch dann nicht, wenn er nur selten die Nachtzeit teilweise anders als schlafenderweise verbringt (OGH 13. 1. 1977, 7 Ob 75/76; VersR 1977, 1020).

Anmerkung:

Der Kläger verlangt von seiner Kaskoversicherung Ersatz für das Auto, das er bei einem Verkehrsunfall beschädigt hat. Die beklagte Versicherung wendet ein, der Kläger habe den Unfall (wegen Übermüdung) grob fahrlässig verschuldet, so daß sie gemäß § 61 Versicherungsvertragsgesetz leistungsfrei sei.

Nr. 25

Die Behauptung, eine Sauce sei wegen der Abbildung einer Sauciere auf der Originalpackung als Suppe einzustufen, kann auch dann nicht ernstgenommen werden, wenn sie allen Ernstes vorgebracht wird. Zur Abgrenzung von Suppen und Saucen.

Mit Gutachten der Bundesanstalt für Lebensmitteluntersuchung und -forschung in Wien vom 11. 12. 1981 wurde beanstandet, daß die Rindsbratensauce Rindfleisch und Pilze enthält, aber gefärbt ist, was den Bestimmungen des Österreichischen Lebensmittelbuches (Codex) Kapitel A 6 Abs 8 zuwiderlaufe. Das Produkt habe auch nach bestimmungsgemäßer Zubereitung das Erscheinungsbild einer Suppe und nicht das einer Sauce. Im übrigen werde in der Originalpackung das Photo des Produktes in einer Suppentasse abgebildet. Das Produkt sei daher als Suppe zu qualifizieren und zu beanstanden, weil die Färbung von Suppen mit Fleisch oder Pilzen verboten ist.

Der Beschuldigte brachte vor, daß es sich nicht um eine Suppe, sondern um eine Sauce handle, die gefärbt werden dürfe, doch sei darin ohnedies kein Farbstoff enthalten.

Festgestellt wird: Es kann kein Zweifel daran bestehen, daß das Produkt, abgesehen von seiner Deklaration als Sauce, tatsächlich eine Sauce und keine Suppe ist. Weder aus dem Befund hinsichtlich des Geruches und des Geschmackes ist ableitbar, daß es sich um eine Suppe handelt. Allein aus der Relation Pulver zu Wasser ergibt sich schon, daß das Produkt eine reichlich dicke Flüssigkeit ist, die – wie die Geschmacksprobe anläßlich der heutigen Hauptverhandlung ergeben hat – für eine Suppe zu intensiv schmeckt. Tatsächlich handelt es sich um eine sogenannte „braune Sauce“ für Fleischgerichte.

Soweit seitens der Bundesanstalt für Lebensmitteluntersuchung und -forschung bzw. des Anzeigesachverständigen Hofrat DDr. P. vorgebracht wird, daß auf der Verpackung das Photo einer Suppentasse aufscheint und daher das Produkt als Suppe einzustufen ist, kann dem nicht gefolgt werden. Die Abbildung zeigt eine Terrine mit Stiel und Schnabelausguß. Der Verhandlungsrichter bekennt sich dazu, daß er ein über den Selbsterhaltungstrieb oder dienstliche Gründe hinausgehendes Interesse am Essen und Trinken hat und er sich daher bemüht, dieser Neigung sowohl in Betrieben der Gastronomie als auch in privaten Haushalten zu frönen, es ist ihm jedoch noch nie gelungen, Suppe in einer Stielterrine mit Ausgußschnabel serviert zu bekommen, weder im billigsten Beisel noch im teuersten Restaurant. Die Anzeige geht offensichtlich davon aus, daß Suppe nicht mit dem Löffel gegessen oder aus einer Tasse getrunken wird (Bouillon), sondern mit einer Stielterrine und Ausguß möglichst schnell bzw. möglichst tief hinuntergeschüttet wird, was aber selbst bei größter Hektik von niemandem gemacht wird. Die Behauptung, wegen der Abbildung einer Sauciere (um eine solche handelt es sich zweifelsfrei) sei die Sauce als Suppe einzustufen, kann also sogar dann nicht ernstgenommen werden, wenn sie allen Ernstes vorgebracht worden ist (Bezirksgericht Klagenfurt 15. 12. 1983, 14 U 2056/83).

Nr. 26

Auch der Halter eines gutmütigen Schäferhundes hat die nicht bloß entfernte Möglichkeit zu veranschlagen, daß der Hund in freudiger Erregung ungestüme Körperbewegungen macht und so einen promenierenden Kurgast zu Fall bringt.

Die Beklagte hat ihre beiden Schäferhunde auf einen Einkaufsweg mitgenommen. Bevor sie ein an einer Kurpromenade gelegenes Geschäftslokal betrat, ließ sie ihre beiden Hunde schräg gegenüber dem Geschäftseingang sich niederlegen. Die Beklagte erwartete, daß ihre gutmütigen, wohl abgerichteten – mit der Örtlichkeit vertrauten – Hunde ungeachtet des Fußgängerverkehrs während des Aufenthaltes im Geschäftslokal das durch Niederlegen der Leine erteilte Gebot, liegen zu bleiben, befolgen würden. Während sich die Beklagte im Geschäftslokal aufhielt, wurden die beiden nicht angeleinten Hunde also weder verwahrt noch beaufsichtigt, weil sich die Beklagte bloß auf die Abrichtung ihrer Hunde verlassen hat, diese aber ungehindert und unkontrolliert ihren triebhaften Verhaltensweisen hätten freien Lauf lassen können. Als die Beklagte aus dem Geschäftslokal trat, gerieten ihre beiden Hunde wieder unter ihre Beobachtung. Die Beklagte hätte von da an durch Zurufe versuchen können, auf das Verhalten ihrer Tiere einzuwirken, spontane triebhaft ungestüme Bewegungen ihrer Hunde hatte aber die Beklagte durch physische Einwirkung nicht steuern können. Daher war es dem vier Jahre alten Schäferrüden möglich, als die Beklagte auf ihn zuschritt, von seinem Liegeplatz aufzuspringen und eine Drehbewegung auszuführen, in deren Verlauf er gegen das Bein eines promenierenden Kurgastes stieß und diesen zu Fall brachte.

Aus der rechtlichen Beurteilung: Da selbst ein gutmütiger und wohl abgerichteter Schäferhund im Alter von vier Jahren spontan in ungestüme Körperbewegungen, und sei es auch nur

---

Anmerkung:

Siehe die Anmerkungen zu Entscheidung Nr. 16 und Entscheidung Nr. 5. Zur Relation der Körpergewichte von Hund und Aufsichtsperson siehe „Käsegeruch“, Seite 9.

in freudiger Erregung, ausbrechen kann, hat dies der Hundehalter zu bedenken. Ebenso hat er die nicht bloß entfernte Möglichkeit zu veranschlagen, daß auf einer Kurpromenade am Vormittag eine spontane Bewegung des Hundes Passanten in ihrer Fortbewegung überraschend behindern und auch zu Fall bringen könnte. Ein Anleinen des Hundes an einem Baumstamm, Laternenpfahl, Ständer eines Abfallkorbes oder an einem sonstigen ortsfesten Gegenstand vermag vor der dargestellten Tiergefahr weitestgehend zu schützen und stellt auch eine unschwer ausführbare Verwahrungsmaßnahme dar. Daher war das Anleinen der Schäferhunde in der konkreten Situation erforderlich und die Unterlassung dieser Maßnahme rechtswidrig (OGH 9. 3. 1983, 6 Ob 600/81; RZ 1984/4).

Nr. 27

Ein Konsument, der Kleinpackungen von Schmelzkäse kauft, wird trotz Abbildung eines angeschnittenen Käselaibes schon deshalb keinen gelochten Emmentaler in der Packung erwarten, weil darin nicht einmal die Löcher Platz hätten.

Die Firma R erzeugt seit Jahrzehnten Schmelzkäse. Dieser wird seit dem Jahre 1951 in Dreieckspackungen auf den Markt gebracht. Die Höhe dieser Packungen beträgt 9 mm. Die Dreieckspackungen wiederum sind in eckigen Schachteln und zum Teil auch in 2 cm hohen runden Schachteln verpackt. Auf den Packungen befinden sich verschiedene Abbildungen, welche die Geschmacksrichtung der verschiedenen Schmelzkäsesorten symbolisieren. Diese Packungen sind überdies mit einer Kurzbezeichnung („Enzian“, „Champignon“, „Emmentaler-Creme“, „Schweizer-Kräuter“ usw.) versehen. Abbildung und Kurzbezeichnung bilden den Blickfang, während die Sachbezeichnung „Schmelzkäse“ in einem zurückgetretenen Kleindruck angebracht ist.

Obwohl der Hinweis, daß es sich bei den Käsesorten um Schmelzkäse handelt, nur im Kleindruck angebracht war, konnte darin das Gericht weder eine Verfälschung, Nachmachung oder Falschbezeichnung des Käses erblicken. Die genannten, ca. 9 mm hohen Dreieckspackungen sind schon Jahrzehnte üblich und in Österreich auf dem Markt. Der Konsument hat sich an die Verpackungsform gewöhnt und wird keinesfalls nativen Käse in diesen Kleinpackungen erwarten. Daran kann auch der Blickfang nichts ändern. Insbesondere wird er keinen gelochten Emmentalerkäse in diesen Kleinpackungen erwarten können, und daher kann die Abbildung eines angeschnittenen Käselaibes den Konsumenten in keiner Weise täuschen. Ironisch ausgedrückt müßte man nämlich sagen, daß nicht einmal die Löcher in der Verpackung Platz hätten (Bezirksgericht Feldkirch 5. 12. 1978, U 1577/76).

Nr. 28

Eine Peep-Show ist keine Volksbelustigung.

Eine Guckloch-Show (Vorführung unbekleideter Frauen, Teilnahme nach Münzeinwurf in einen Automaten) stellt keine „Volksbelustigung“ im Sinne der Lustbarkeitsabgabenordnung der Landeshauptstadt Graz dar, weil der Begriff voraussetzt, daß die Veranstaltung nach der Verkehrsauffassung an sich breite Schichten der Bevölkerung anspricht (VwGH 27. 10. 1982, 1162/80).

Nr. 29

Besucht eine fremde Katze innerhalb mehrerer Monate zweimal ein Schlafzimmer, so liegt darin noch keine Besitzstörung. Ebensowenig ist der Grundeigentümer im Genusse seines Besitzes beeinträchtigt, wenn die Katze an seiner Vogeltränke auf Vögel lauert.

Der Besitz des Klägers ist nicht verletzt, soweit er geltend macht, die Katze lauere an seiner Vogeltränke auf seinem Grundstück auf Vögel und beeinträchtige ihn so im Genusse seines Besitzes. Denn freifliegende Vögel sind nicht Bestandteil seines Grundstückes und werden es auch nicht, wenn sie seine Vogeltränke aufsuchen. Er erlangt keinerlei tatsächliche Gewalt über die Vögel. Diese Tiere kommen und gehen wie sie wollen und sind deshalb herrenlose Sachen im Sinne des Gesetzes. Bestandteil des Grundstückes des Klägers werden sie nicht. Wenn daher die Katze der Beklagten den Vögeln auf dem Grundstück des Klägers nachstellt, wird das Besitzrecht des Klägers nicht beeinträchtigt.

Der Kläger macht weiterhin geltend, die Katze störe seinen Besitz dadurch, daß sie sein Schlafzimmer aufsuche. Nach dem Ergebnis der Beweisaufnahme kann jedoch das Gericht keine Besitzstörung in diesem Punkte feststellen. Die Zeugin M gab bei ihrer Vernehmung an, daß die Katze der Beklagten im Mai und Ende August/Anfang September 1983 vielleicht zwei bis drei Meter in das Schlafzimmer hineingelaufen sei, wo sie dann von ihr verscheucht worden sei. Innerhalb eines knappen halben Jahres ist also die Katze nachweislich zweimal kurz im Schlafzimmer des Klägers gewesen. Eine Besitzstörung im rechtlichen Sinn ist dies nicht. Denn eine Besitzstörung verlangt eine Beeinträchtigung des Besitzes in der Weise, daß ein ruhiger befriedeter Zustand in einen solchen der Rechtsunsicherheit verwandelt wird. Ein solcher Zustand

---

Anmerkung:

Das Amtsgericht Passau hat hingegen (im Fall Kater „Bubu") mit Urteil vom 9. 3. 1983 (NJW 1983, 2885) ausgesprochen, daß bereits das bloße Betreten eines Grundstückes durch einen fremden Kater einen störenden Eingriff in das Grundeigentum darstellt.

kann durch die Besitzstörungsklage nur dann beseitigt werden, wenn es sich um eine andauernde Beeinträchtigung handelt. Von einer andauernden Beeinträchtigung kann jedoch bei einem zweimaligen kurzfristigen Besuch im Verlaufe von vielen Monaten nicht die Rede sein. Als Besitzstörung kann das Gericht allenfalls anerkennen, daß die Katze immer wieder das Grundstück des Klägers besucht. Dies hat jedoch der Kläger aus dem Gesichtspunkt des nachbarrechtlichen Gemeinschaftsverhältnisses gemäß § 242 BGB zu dulden. Das Verbietungsrecht des Klägers wird hiedurch zumindest bezüglich der Haltung einer Katze wie hier eingeschränkt. In Wohngegenden wie der streitgegenständlichen (Vorortviertel mit Einfamilienhaus-, Doppelhaus- und Reihenhausbebauung mit Gärten) gehört die Katzenhaltung mit freiem Auslauf zur Lebensführung vieler Familien. Würde man den Antrag des Klägers als begründet bezeichnen, so liefe dies darauf hinaus, daß ein einziger Bewohner eines Vorstadtviertels weitgehend die Katzenhaltung Dritter beeinflussen könnte (Landgericht Augsburg 24. 8. 1984, 4 S 2099/84; NJW 1985, 499).

Nr. 30

Für die Beurteilung, ob Geräusch- oder Klangentwicklungen störender Lärm sind, eignen sich die vom Polizeiorgan festgestellten Werte und seine Empfindungen.

Auch Musikdarbietungen von künstlerischem Wert, z. B. Klavierspielen, können Erregen störenden Lärmes sein. Ist der von einer Wohnung ausgehende Lärm schwankend, so ist für seine Beurteilung nicht ausschließlich der energieäquivalente Dauerschallpegel maßgebend. Vielmehr ist es durchaus zulässig, sich auf die vom Polizeiorgan gemessenen Werte und auf seine Empfindungen zu stützen. Denn einem Sicherheitswachebeamten ist schon kraft seines Berufes die Eignung zuzubilligen, Geräusch- oder Klangentwicklungen als für die Nachbarschaft objektiv unzumutbar zu qualifizieren. Dies gilt besonders dann, wenn das Polizeiorgan bei einer Dienststelle Verwendung findet, welche mit der Feststellung von derartigen Lärmimmissionen betraut ist. Bei der Beurteilung der Zumutbarkeit ist auch die „Informationshältigkeit" von Musik zu beachten, welche die Störung verstärkt, weil sogar leiser Musiklärm fast zwanghaft eine erhöhte Zuwendung des lärmgeplagten Menschen mit sich bringt und prompt doppelt unlustbetont und somit als doppelt störend empfunden wird (VwGH 20. 2. 1984, Zl 83/10/0268).

Anmerkung:

Kontrollierenden Sicherheitswachebeamten wird vom Verwaltungsgerichtshof überhaupt in vielfacher Weise die Eignung zugebilligt, die Sachlage richtig einzuschätzen. So meint er z. B., es entspreche der Lebenserfahrung, daß Wachebeamte beurteilen können, ob eine Frau auf Männerbekanntschaften wartet. *Siehe „Käsegeruch", Seite 69.*

Nr. 31

Es liegt in der Natur der Sache, daß ein Gebiß zum Kauen und Sprechen tauglich sein muß.

Es liegt in der Natur der Sache und wird auch nicht bestritten, daß ein Gebiß zum Kauen und Sprechen tauglich sein muß. Ein Gebiß, welches laut der Feststellung des Erstgerichtes beim Kauen und Sprechen unerträgliche Schmerzen bereitet, leidet an wesentlichen Mängeln, welche, seien sie auch noch so leicht behebbar, den Besteller berechtigen, die Verbesserung zu fordern. Die B hat sich der Vornahme einer Verbesserung nicht widersetzt, sie ist vielmehr zu diesem Zweck zehnmal zu A gekommen und hat ihre Besuche erst eingestellt, als er ihr erklärte, er könne nichts mehr machen; sie kann daher nicht verpflichtet werden, für ein dermalen zum Gebrauche untüchtiges Werk den Preis zu bezahlen (OGH 26. 2. 1903, Nr. 1426; GlUNF 2274).

Anmerkung:

Bei Lieferung eines Werkes in fehlerhaftem Zustand hat der Besteller das Recht auf Gewährleistung (Aufhebung des Vertrages, Verbesserung oder Preisminderung). Siehe auch die Fälle im „Käsegeruch“, Seite 47 und Seite 54.

Nr. 32

Ein Bestattungsunternehmer kann zwar durch einen taktvollen und entgegenkommenden Umgang mit den Auftraggebern seinen Geschäftsgang positiv beeinflussen, doch sind die Variationsmöglichkeiten bei den Beisetzungsfeierlichkeiten zufolge der besonderen Art des übernommenen Auftrags äußerst gering.

Der Beschwerdeführer erwarb gegen Leibrente ein Bestattungsunternehmen. Unter Zugrundelegung des versicherungsmathematischen Wertes der Leibrentenverpflichtung ergab sich ein Betrag von S 641.500,– als Firmenwert, von dem der Beschwerdeführer in der Schlußbilanz vom 31. Dezember 1980 eine Absetzung für Abnutzung (AfA) von S 64.150,– vornahm. Das Finanzamt ließ die AfA bei der Gewinnermittlung für das Streitjahr als Abzugspost nicht zu. Die beklagte Behörde gab der Berufung keine Folge.

Der Verwaltungsgerichtshof hat erwogen:

Beruht der Firmenwert auf persönlichen Leistungen des Rechtsvorgängers (z. B. dem von ihm geschaffenen Kundenstock), so wird man von einer Abnutzung ausgehen können. Beruht er hingegen auf anderen Umständen, z. B. auf der Lage des Betriebes, so wird der Firmenwert ein nicht abnutzbares Wirtschaftsgut sein.

Betrachtet man den Beschwerdefall unter diesen Aspekten, so ist festzustellen, daß nach allgemeinen Erfahrungen der größere oder mindergroße wirtschaftliche Erfolg eines Bestattungsunternehmens, und damit ein „Firmenwert", in erster Linie von seinem Standort abhängig ist. Sicherlich kann der Unternehmer bei dieser Art der gewerblichen Betätigung durch individuelle Gestaltung der Trauerzeremonie und durch einen taktvollen und entgegenkommenden Umgang mit den Auftraggebern seinen Geschäftsgang positiv beeinflussen. Doch sind die Variationsmöglichkeiten bei der Beisetzungsfeierlichkeit, wenn es sich um konfessionelle Begräbnisse handelt, äußerst gering, und auch bei Beisetzungen ohne Teilnahme eines Seelsorgers sind der individuellen Gestaltung durch den Bestattungsunternehmer zufolge der besonderen

Art des übernommenen Auftrages enge Grenzen gesetzt. Es mag zwar zutreffen, daß sich das Fehlen von Konkurrenzbetrieben bei Rauchfangkehrern wirtschaftlich noch günstiger für den einzelnen Betrieb auswirkt. Offenkundig ist aber auch beim Beschwerdeführer der wirtschaftliche Vorteil, der sich aus dem Standort, dh aus dem Umstand ergibt, daß er in L allein ein Bestattungsunternehmen betreibt. Der Wettbewerb, auf den der Beschwerdeführer immer wieder verweist und den er darin erblickt, daß auch in anderen, relativ nahe zu L gelegenen Orten Bestattungsunternehmen niedergelassen sind, bewirkt nicht, daß der in Rede stehende Firmenwert ein primär personenbezogener ist (VwGH 8. 5. 1984, Zl 83/14/0219).

Nr. 33

Backerbsen als Suppeneinlage sind im allgemeinen nicht für den unmittelbaren menschlichen Genuß bestimmt. Sollen sie aber auch zum Knabbern bei Getränken verwendet werden, so würde an sich zwar ein unmittelbarer menschlicher Genuß vorliegen, doch wird in diesem Zusammenhang der Art der Herstellung und der Zusammensetzung Bedeutung zukommen.

Der Beschwerdeführer hatte unter anderem vorgebracht, daß die Backerbsen ein einfaches Broterzeugnis seien, dem das Fett durch ein eigenes Verfahren wieder zum Großteil entzogen werde, das unter dem Werbeslogan „Für die Suppe und zum Knabbern" auf den Markt gebracht werde und bei dem es sich um eine gebackene Ware handle, die auch zum unmittelbaren menschlichen Genuß geeignet sei.

Der Verwaltungsgerichtshof hat erwogen: Die Verkehrsauffassung, vor allem die Auffassung des Verbrauchers, sieht jene Suppeneinlagen, welche im wesentlichen die gleiche Form wie die von der Hausfrau hergestellten, üblicherweise als Backerbsen bezeichneten Suppeneinlagen aufweisen, nicht als ein Brot, eine Semmel und dergleichen ähnliches Gebäck an, weil im Gegensatz zu diesem Gebäck die Suppeneinlagen im allgemeinen nicht für den unmittelbaren menschlichen Genuß bestimmt sind. Soweit aber – entsprechend dem oben zitierten Werbeschlagwort – die von der mitbeteiligten Partei erzeugten Backerbsen auch zum Knabbern bei Getränken verwendet werden sollen, würde an sich zwar ein unmittelbarer menschlicher Genuß ähnlich wie bei Brot, Semmeln und dergleichen Kleingebäck vorliegen, doch wird in diesem Zusammenhang bei den Backerbsen auch der Art ihrer Herstellung und der Zusammensetzung, die sich schon nach der Darstellung der mitbeteiligten Partei selbst wesentlich von der Art der

Anmerkung:

Es ging darum, ob (nach dem alten UStG) auf die Umsätze eines Backerbsenerzeugers der begünstigte Steuersatz anzuwenden ist. Dies war davon abhängig, ob die Backerbsen nach Auffassung des Verkehrs als ein „dem Brot und den Semmeln ähnliches Gebäck" anzusehen sind.

Herstellung und von der Zusammensetzung von Brot, Semmeln und ähnlichem Kleingebäck unterscheidet, Bedeutung zukommen (VwGH 7. 1. 1964, Z 252, 253/64; VwSlgNF 3001 F).

Nr. 34

Während der Gesichtsausdruck des „Mecki" die Vorstellung eines pfiffigen, allen Situationen gewachsenen Lebenskünstlers von unerschütterlich heiterer, philosophischer Gemütsart erweckt, zeigt „Eddi" ein unfertiges, unbeholfenes, fast dümmliches Allerweltsgesicht, das keinerlei Lebenserfahrung oder sonstige Charaktermerkmale erkennen läßt.

Der Kläger stellte im Jahre 1938 den Puppentrickfilm „Der Wettlauf zwischen dem Hasen und dem Igel" her. In diesem Film wurde eine später in einer Nachbildung als „Mecki" bezeichnete Puppe verwendet, die eine kegelförmige Nase mit schwarzem Knopf als Nasenspitze und einen stacheligen Haarschopf besitzt. Die Beklagte stellt eine als „Eddi" bezeichnete Puppe her und vertreibt sie. Mit der Behauptung, „Eddi" sei eine unfreie Nachbildung seines geschützten Werkes, verlangt der Kläger unter anderem Unterlassung und Feststellung einer Schadenersatzpflicht. Beide Instanzen wiesen die Klage ab.

Aus den Entscheidungsgründen des Berufungsgerichtes:

Der erkennende Senat versteht unter einem Kunstwerk die in einer konkreten Form verkörperte, das Alltägliche erheblich übersteigende, eigenpersönliche und schöpferische Leistung des Urhebers, mittels Worten, Tönen, Farben, plastischen Formen oder ähnlichen Gestaltungsmitteln seine Wahrnehmungen, Gefühle und Gedanken derart zu erläutern, daß der Hörer oder Betrachter davon einen charakteristischen, sein eigenes tieferes Empfinden wesentlich anregenden Sinneseindruck empfängt. Diesen Anforderungen genügt die Puppe „Mecki" vor allem deshalb, weil sie einen ganz besonderen Gesichtsausdruck aufweist, der gegenüber den sonstigen Igeldarstellungen eine charakteristische Eigenart im Sinne einer schöpferischen Originalität hat. Seinem Gesichtsausdruck nach vermittelt der kräftig konturierte „Mecki" insgesamt die Vorstellung eines markanten Charakteroriginals, das etwa als pfiffiger, allen Situationen gewachsener Lebenskünstler von unerschütterlich heiterer, philosophischer Gemütsart beschrieben werden könnte. Nach dem Kunstbegriff des BGH kommt es aber für die urheberrechtliche Schutzfähigkeit letztlich darauf an, daß der Senat sich zu den für Kunst empfänglichen Verkehrskreisen rechnet und auf Grund seiner Erfahrung die in Rede stehende Puppe „Mecki" als eigenpersönliche Schöpfung wertet.

Der Senat teilt auch die weitere Auffassung des Landgerichts, daß „Eddi" keine Nachbildung des „Mecki" ist. Eine solche liegt nur vor, wenn gerade die Elemente übernommen werden, die den Kunstschutz begründen; das ist hier allein der Gesichtsausdruck. Wenn bei dem „Eddi" überhaupt ein Gesichtsausdruck festgestellt werden kann, dann allenfalls ein erstaunter, unbeholfener und fast dümmlicher; die kegelförmige Nase des „Eddi" ist nicht wie die des „Mecki" nach oben gerichtet. Im wesentlichen zeigt „Eddi" ein unfertiges Allerweltsgesicht, welches keinerlei Lebenserfahrung oder sonstige Charaktermerkmale erkennen läßt, die im Gesichtsausdruck des „Mecki" herausgebildet sind (Oberlandesgericht München 16. 1. 1975, 6 U 3481/74; UFITA 84, 202).

Nr. 35

Zu den „Gefahren des täglichen Lebens“ gehört zwar eine gewöhnliche Wirtshausrauferei, nicht jedoch das Zerschlagen einer Bierflasche, um sich mit ihr gegen einen mit einem Messer bewaffneten Gegner zu wappnen.

Das Erstgericht traf folgende Feststellungen:

Am 4. August 1968 kehrten der Kläger, seine Schwester und sein Vetter nach einer Bergwanderung in der U-Alm ein, auf deren Terrasse sich neben anderen Gästen der bereits stark alkoholisierte Gottfried T aufhielt. Da T dem Wunsch der Wirtin, eine Gitarre dem Kläger zu übergeben, nicht nachkam, kam es zwischen ihm und dem Kläger zu einer Auseinandersetzung, die jedoch geschlichtet wurde. Kurze Zeit später stolperte der Kläger beim Bierholen über das ausgestreckte Bein des T. Der Kläger und sein Vetter versuchten daraufhin, den T von der Terrasse zu entfernen, was jedoch nicht gelang, weil andere Gäste die Raufenden trennten. Als der Kläger daraufhin wieder zu seinem Sitzplatz auf der Terrasse zurückkehrte, rief ihm seine Schwester zu, er möge aufpassen, da T ein Messer habe. Tatsächlich hatte T, der etwa 2,5 Meter vom Kläger entfernt war, sein Taschenmesser gezückt. Er machte jedoch keine Anstalten, auf den Kläger loszugehen. Dieser rief ihm zu: „So was Feiges, ein Tiroler macht die Sache mit den Fäusten aus und braucht kein Messer!“ Der Kläger ergriff daraufhin eine Bierflasche und zerschlug sie am Terrassengeländer, um sich dadurch ebenfalls eine Waffe zu beschaffen. Dabei flog ein Splitter gegen das rechte Auge des an der Auseinandersetzung nicht beteiligten Richard F. Der schadenersatzpflichtige Kläger begehrt Versicherungsschutz von seiner Haftpflichtversicherung.

Der Oberste Gerichtshof verneinte den Anspruch: Wenn das Berufungsgericht meint, daß Wirtshausraufereien durchaus nicht ungewöhnlich sind, so ist dem entgegenzuhalten, daß der Schadensfall nicht auf eine gewöhnliche Wirtshaus-

---

Anmerkung:

Siehe die Anmerkung zur Entscheidung Nr. 13.

rauferei zurückzuführen ist, sondern darauf, daß sich der Kläger durch das Zerschlagen einer Bierflasche eine Waffe schuf, um auf diese Weise gegen seinen mit einem Messer bewaffneten Gegner gewappnet zu sein. Derartige Vorbereitungshandlungen für eine mit gefährlichen Waffen auszutragende Auseinandersetzung sind nicht den Gefahren zuzuzählen, mit denen ein Mensch üblicherweise rechnen muß. Er hat daher keinen Anspruch auf Versicherungsschutz (OGH 17. 2. 1971, 7 Ob 23/71; JBl 1971, 527).

Nr. 36

Es entspricht der Lebenserfahrung, daß Narben die Heiratsaussichten eines Mannes vermindern. Ob Entstellung vorliegt, ist davon unabhängig, ob der Kläger in ländlicher oder in städtischer Umgebung lebt.

Daß die Heiratsaussichten des Klägers durch die von den Vorinstanzen festgestellten entstellenden Verletzungsfolgen (Narben) vermindert werden, entspricht der Lebenserfahrung und bedarf keiner weiteren Begründung. Wenn das Berufungsgericht vermeint, eine solche Verminderung mit dem Hinweis darauf verneinen zu können, daß der Kläger in ländlicher Umgebung lebe, in der Narben nicht jene Rolle spielten wie im städtischen Milieu, ist ihm entgegenzuhalten, daß zunächst in keiner Weise feststeht, daß sich der Kläger seine Ehefrau gerade im ländlichen Milieu suchen wird, und daß im übrigen kein Anlaß besteht, bei Beurteilung der Frage, ob eine Verletzungsfolge entstellend wirkt oder nicht, zwischen ländlicher Umgebung und städtischem Milieu zu differenzieren, sondern daß diese Frage unter Anlegung eines ästhetischen Maßstabes nach allgemeiner Lebensanschauung zu lösen ist (OGH 19. 1. 1984, 8 Ob 209/83; ZVR 1984/345).

Anmerkung:

Wird jemand durch eine Verletzung verunstaltet, so ist beim Schadenersatz auch zu berücksichtigen, daß dadurch das „bessere Fortkommen" des Verletzten verhindert werden kann (§ 1326 ABGB). Dazu gehört auch die Minderung von Heiratsaussichten. Siehe auch „Käsegeruch", Seite 50.

IRONIMUS

Nr. 37

Sieht der Erblasser, am Rande des Bettes sitzend und aus diesem die Beine heraushängen lassend, der Unterfertigung des am Beitischchen liegenden Testamentes durch die Zeugen wort- und tatenlos zu, so kann dies einer Bestätigung des Testamentes durch Worte oder allgemein angenommene Zeichen nicht gleichgestellt werden.

Nach den Feststellungen saß der Erblasser bei Unterfertigung des Testamentes durch die Zeugen am Bettrand und hatte die Beine aus dem Bett heraushängen. Das von ihm bereits unterschriebene Testament lag auf dem Beitischchen unmittelbar neben dem Bett. Die Testamentszeugen unterschrieben die letztwillige Verfügung, ohne daß der Erblasser ein Wort gesprochen oder irgendein Zeichen gegeben hätte. Dieses Verhalten des Erblassers, das sich darauf beschränkte, am Bettrand sitzend der Unterfertigung des Testaments durch die Zeugen zuzusehen, kann einer Bestätigung der letztwilligen Verfügung durch Worte oder allgemein angenommene Zeichen nicht gleichgestellt werden (OGH 9. 3. 1983, 1 Ob 527/83; JBl 1984, 36).

Anmerkung:

Ein vom Erblasser nicht eigenhändig geschriebenes Testament ist nur dann gültig, wenn er es unterschreibt und vor drei Zeugen ausdrücklich bestätigt, daß es seinen letzten Willen enthalte. Schließlich müssen die Zeugen auf der Urkunde (mit einem auf ihre Zeugeneigenschaft hinweisenden Zusatz) unterschreiben (§ 579 ABGB). Strittig ist, wann eine „ausdrückliche Bestätigung" durch den Erblasser vorliegt. Hätte er zumindest mit dem Kopf genickt, so wäre dies jedenfalls nach der Entscheidung SZ 39/20 ausreichend gewesen.

Nr. 38

Sprachlich bedeutet Eisenbahn eine Bahn von Eisen. Bestimmung der Bedeutung des Wortes „Eisenbahn“ im Geiste des Gesetzes.

Sprachlich bedeutet Eisenbahn ganz allgemein eine Bahn von Eisen zwecks Bewegung von Gegenständen auf derselben. Verknüpft man diesen Wortlaut mit dem Gesetzeszweck und erwägt man, daß die eigenartige Nützlichkeit und gleichzeitig Gefährlichkeit des metallischen Transportgrundes, in der (durch dessen Konsistenz, sowie durch dessen, das Hindernis der Reibung vermindernde Formation und Glätte gegebenen) Möglichkeit besteht, große Gewichtsmassen auf jenem Grunde fortzubewegen und eine verhältnismäßig bedeutende Geschwindigkeit der Transportbewegung zu erzeugen, so gelangt man im Geiste des Gesetzes zu keiner engeren Bestimmung jener sprachlichen Bedeutung des Wortes Eisenbahn, um den Begriff eines Eisenbahnunternehmens im Sinne des § 1 Reichshaftpflichtgesetz zu gewinnen, als derjenigen:

Eine Eisenbahn ist ein Unternehmen, gerichtet auf wiederholte Fortbewegung von Personen oder Sachen über nicht ganz unbedeutende Raumstrecken auf metallener Grundlage, welche durch ihre Konsistenz, Konstruktion und Glätte den Transport großer Gewichtsmassen, bzw. die Erzielung einer verhältnismäßig bedeutenden Schnelligkeit der Transportbewegung zu ermöglichen, bestimmt ist, und diese Eigenart in Verbindung mit den außerdem zur Erzeugung der Transportbewegung benutzten Naturkräften (Dampf, Elektrizität, tierischer oder menschlicher Muskeltätigkeit, bei geneigter Ebene der Bahn auch schon der eigenen Schwere der Transportgefäße und deren Ladung usw.) bei dem Betriebe des Unternehmens auf derselben eine verhältnismäßig gewaltige, je nach

Anmerkung:

Streitig war, ob gewisse bei der Errichtung einer Eisenbahn verwendete Bauzüge Eisenbahnen im Sinne des § 1 Reichshaftpflichtgesetz (RHG) sind und ob daher für Schäden, die durch solche Bauzüge zugefügt werden, nach dem RHG Ersatz geleistet werden muß.

den Umständen nur in beschränkter Weise nützliche oder auch Menschenleben vernichtende und die menschliche Gesundheit verletzende Wirkung zu erzeugen fähig ist (Deutsches Reichsgericht 17. 3. 1879; RGZ 1, 247).

Nr. 39

Beweispflicht bei Behauptung des Steuerpflichtigen, er sei Playboy und habe sein Geld mit Frauen und im Casino durchgebracht.

Der Steuerpflichtige brachte vor, es wundere ihn sehr, daß die Finanzbehörde noch immer vom Vorhandensein eines Vermögens in der Höhe von zirka 2,5 Millionen Schilling ausgehe. Er habe es nämlich im Jahre 1972 durchgebracht und verspielt, was als Eigentümer des Geldes wohl sein gutes Recht sei. Das meiste Geld sei im Spielcasino und im Ausland geblieben, nirgends stehe geschrieben, daß ihn der Fiskus zwingen könne, überhaupt Geld auf die Bank zu legen. Er habe keine Zinsen erklären können, weil er keine gehabt hätte, eine Schätzung würde nichts nützen, sie treffe nicht die Wirklichkeit, weil „nichts mehr da" sei. Die Ziffern der im Vorhalt enthaltenen Aufstellung seien „frei aus der Luft gegriffen".

Er sei allgemein als Lebemann bekannt, da fliege das Geld schnell „beim Fenster hinaus", man bekomme Zahlungsbestätigungen weder von Huren noch Bestätigungen über Spielverluste vom Spielcasino. Playboy zu sein, sei heute keine Schande mehr, sondern „eben modern und zeitgemäß"; seine Spielleidenschaft, deren Opfer er geworden sei, sei sicher ein Laster, aber es sei schön. Übrigens sei über die von den Spielbanken abgeführten Steuern dem Fiskus aus seinen normalen Spielverlusten mehr Geld zugeflossen als „unter normalen Umständen" an Steuern. Seit seinem Spielverlust könne er nicht mehr hoch spielen, dank seiner gewonnenen Routine gewinne er zumeist mäßig; habe er bescheiden gewonnen, verlasse er gleich das Casino. Diese Lehre habe er aus seinen Verlusten gezogen.

Zum Mittagessen werde er oft von seiner Mutter eingeladen, die nichts dafür annehme. Frauen auszuhalten, sei er nicht mehr in der Lage, er habe sich „im Gegenteil Frauen anschaffen müssen", die ihn finanziell unterstützten und von ihm begeistert seien. Er lebe vom Nimbus von anno dazumal, als er noch Geld gehabt habe. Um seinen Lebensunterhalt bestreiten zu können, werde er sich bemühen, seine bescheidenen

Gewinne in den Spielcasinos aufrechtzuerhalten. Darüber hinaus sei er ein Liebling der Frauen, die ihn nicht im Stich ließen und ihn unterstützten.

Der Verwaltungsgerichtshof wies die Beschwerde aus nachstehenden Gründen ab: Es ist Sache des Steuerpflichtigen, seine von der allgemeinen Lebenserfahrung abweichenden Behauptungen darzutun und nicht Sache der Behörde, die Unrichtigkeit dieser Behauptungen zu beweisen (VwGH 5. 10. 1982, Zl 82/14/0027, 0068; ARD 3461/4/82).

Nr. 40

Primitive Darbietungen eines Kinderstimmenimitators, insbesondere der Vortrag von stereotypen Satzkonstruktionen wie „Der Huber ist schön blöd", sind nicht Kunst.

In Streit stand die Künstlereigenschaft des Beschwerdeführers, der – sich selbst als freischaffenden Künstler und Humoristen bezeichnend – als Kinderstimmenimitator auftritt, wobei er sich eines – entsprechender Kinderkleidung nachempfundenen – Matrosenanzuges bedient und Witze vorträgt. Die belangte Behörde stellte auf Grund von Textproben gewerbliche Einkünfte und dem umsatzsteuerlichen Normalsteuersatz unterliegende Einnahmen fest. Der Beschwerdeführer argumentierte gegen diese Entscheidung mit seiner Mitgliedschaft in der Gewerkschaft „Kunst, Medien und Freie Berufe" und mit dem Hinweis, daß er mit seinen Darbietungen großen Anklang finde (24 aufgenommene Schallplatten). Der Verwaltungsgerichtshof wies die Beschwerde als unbegründet ab.

Die aufgezählten empirischen Merkmale sind keinesfalls so beschaffen, daß sie auf künstlerisches Niveau der Auftritte schließen lassen. Die Schwierigkeiten, die in der Theorie darüber bestehen, was „Kunst" schlechthin ist, ändern nichts daran, daß in der vorliegenden Streitfrage eine wertende Abwägung vorzunehmen ist. Es muß unterschieden werden, ob eine zweifellos der Kunst zuzurechnende „Komödie" im herkömmlichen Sinn vorliegt oder bloß eine jeden gehobenen Anspruches entbehrende Darbietung primitivster Art, der jeder geistvolle Gehalt abgeht. Wenn sich auch, was Kunst ist, begrifflich kaum fassen läßt, weil hiefür in den jeweiligen Gesellschaften und Epochen unterschiedliche – von den jeweiligen historischen Bedingungen abhängige – Maßstäbe gelten, so können Tätigkeiten, die einen bestimmten Qualitätsstandard unterschreiten, nicht als künstlerisch gelten.

Anmerkung:

Zum Begriff „Kunst" siehe auch die Entscheidungen Nr. 11, Nr. 15 und Nr. 34.

Die belangte Behörde hat nicht nur „Fäkalpointierungen“ festgestellt (wie „Da stinkt's, wahrscheinlich bin das i“), auch die übrigen von ihr festgehaltenen Textstellen (zB stereotype Satzkonstruktionen wie „Der Huber ist schön blöd“) sind so beschaffen, daß sie von der belangten Behörde zu Recht nicht als „Kunst“ beurteilt wurden (VwGH 23. 10. 1984, 84/14/83; RdW 1985, 61).

Nr. 41

Ein mit einem Spülkasten versehenes WC ist keine Wasserentnahmestelle in der Wohnung.

Die Rekurswerber erblicken im Vorhandensein eines mit einem Spülkasten versehenen WCs eine Wasserentnahmestelle. Entgegen dieser Ansicht reicht diese Voraussetzung jedoch nicht für die Annahme einer höheren Ausstattungskategorie hin. Daß das im Spülkasten eines WCs vorhandene Wasser nicht den Erfordernissen einer Wasserentnahmestelle genügt, bedarf keiner Erörterung. Zweck des Spülkastens ist ausschließlich die Inbetriebnahme des mit Wasser versehenen Klosetts. Der gesamte übrige, zum Wohnen erforderliche Wasserbedarf muß daher auf Grund einer anderen Wasserentnahmestelle befriedigt werden können, will man das Vorhandensein einer Wasserentnahmestelle im Sinne des § 16 Abs 2 Z 3 MRG annehmen (Landesgericht für ZRS Wien 5. 6. 1984, 41 R 451/84).

Anmerkung:

Die Höhe des zulässigen Mietzinses ist nach dem Mietrechtsgesetz von der Ausstattung der Wohnung abhängig. Hat eine Wohnung zumindest eine Wasserentnahmestelle und ein Klosett im Inneren, so gehört sie zur Kategorie C.

Nr. 42

Das Bewerfen der Wand eines Haftraumes mit dem Abendessen (Gemüseeintopf) stellt eine Sachbeschädigung nach § 125 StGB dar.

Mit dem angefochtenen Urteil wurde Friedrich G der Sachbeschädigung nach § 125 StGB schuldig erkannt. Diesbezüglich liegt ihm zur Last, am 5. 11. 1982 vorsätzlich eine fremde Sache beschädigt zu haben, indem er sein Abendessen (Gemüseeintopf) an die Wand des Haftraumes im Gefangenenhaus K warf, wodurch die Mauer verunreinigt wurde.

Nach den Feststellungen mußte die gegenständliche Zellenwand mit Dispersionsfarbe neu ausgemalt werden, weil sie vom Inhalt der gegen sie geschleuderten vollen Schüssel (mit Gemüseeintopf) bis zur in zwei Meter Höhe befindlichen Decke bespritzt war. Somit kann im gegebenen Fall weder von einer wegen ihres geringfügigen Auffälligkeitswertes zu vernachlässigenden Beeinträchtigung der äußeren Erscheinung dieser Sache noch von einem nicht ins Gewicht fallenden Arbeitsaufwand für die Wiederherstellung des früheren Zustandes die Rede sein, zumal nach einer vom Erstgericht verwerteten Aufstellung nicht weniger als immerhin sechs Stunden Arbeitszeit aufgewendet werden mußten. Zu Recht wurde daher die Verschmutzung der Wand als Verunstaltung im Sinne des § 125 StGB beurteilt, ohne daß es hiezu noch weiterer Feststellungen über das genaue Ausmaß der mit Essen bespritzten Fläche bedurft hätte (OGH 24. 5. 1984, 12 Os 43/84; RZ 1985/33).

Nr. 43

Das Ausführen und Baden eines Hundes sind keine besonders qualifizierten oder höherwertigen Dienste.

Theresia G war eine wohlhabende, aber wirtschaftlich denkende Frau. Sie hing besonders an ihrem Hund. Seit Ende 1978 konnte sie aus gesundheitlichen Gründen ihre Wohnung nicht mehr regelmäßig verlassen, und seit Jänner 1979 ging der Kläger auf ihr Ersuchen wöchentlich mehrmals mit dem Hund spazieren; er brachte ihn auch regelmäßig zum Trimmen oder zum Tierarzt und badete ihn. Der Kläger erhielt für diese Tätigkeit keine Entlohnung, er rechnete aber damit, daß sich Theresia G erkenntlich zeigen werde und vertraute auch ihrer Zusage, daß sie ihn in ihrem Testament mit S 100.000,– bedenken werde und ihm nach ihrem Tode den Hund anvertrauen werde. Insgesamt leistete der Kläger auf diese Weise in der Zeit von Jänner 1979 bis Mitte 1981 – einschließlich Wegzeit – etwa 570 Stunden. Nach dem Tode der Theresia G begehrt er von ihren Erben ein Entgelt für seine Leistungen, weil er nicht letztwillig bedacht worden sei. Er weist unter anderem darauf hin, daß er „selbständig ohne Anweisung habe arbeiten müssen, daß wegen des Vermögens der Verstorbenen eine besondere Vertrauenswürdigkeit gegeben sein mußte und die Betreuung des Hundes, an dem Theresia G sehr gehangen sei, ein besonderes Maß von Verantwortung erfordert habe".

Der Oberste Gerichtshof hält ein Entgelt in der Höhe von S 70,– pro Stunde für angemessen: Das Ausführen eines Hundes, die fallweise Zubereitung von Speisen oder das Aufwärmen von Vorgekochtem sowie die Tätigkeit, die damit verbunden ist, einen Hund zum Trimmen und zum Tierarzt zu bringen oder den Hund zu baden, stellen keine besonders qualifizierten oder höherwertigen Dienste dar. Vielmehr geht es

---

Anmerkung:

Erbringt jemand einem anderen Leistungen in der Erwartung, dafür im Testament bedacht zu werden, so kann er, wenn die Hoffnung enttäuscht wird, das Erbrachte zurückfordern oder – wenn dies nicht möglich ist – ein angemessenes Entgelt verlangen („Rückforderung wegen Nichteintritt des erwarteten Erfolges").

IRONIMUS

durchwegs um Verrichtungen, wie sie ein Hausknecht oder ein Dienstmädchen leistet. Irgendwelche besondere selbständige oder eigenverantwortliche Entscheidungen sind im Zusammenhang mit solchen Tätigkeiten nicht zu treffen (OGH 6. 7. 1983, 3 Ob 560/83).

Nr. 44

Einen Erfahrungssatz, daß von der österreichischen Post beförderte (nicht eingeschriebene) Briefe immer ankommen, gibt es nicht.

Es gibt keinen Rechtssatz, daß bei bewiesenem Absenden eines – nicht eingeschriebenen – Briefes mit der Post der Zugang beim Adressaten zu vermuten wäre. Trotz der Verläßlichkeit der Briefbeförderung durch die österreichische Post kann es hin und wieder zu Verlusten nicht eingeschriebener Sendungen kommen. Die Aufgabe einer solchen Sendung bildet daher keinen prima facie-Beweis für die Ablieferung, der die Beweispflicht des Empfängers für die Nichtablieferung begründen würde (OGH 18. 10. 1983, 4 Ob 583/83; JBl 1984, 487).

Anmerkung:

Der OGH stellt damit klar, daß das Ankommen eines Briefes jener beweisen muß, der dies behauptet. Er hebt jedoch eigens die Zuverlässigkeit der österreichischen Post hervor, so daß auch nach seiner Auffassung das Aufgeben eines Briefes keineswegs seine „Aufgabe" bedeutet.

Nr. 45

Keine Auskunft.

Nachricht des Gerichtsvollziehers beim Bezirksgericht Favoriten vom 27. September 1984, 12 E 8700/84:

Die bewilligte Pfändung ist nicht vollzogen worden, weil der Vollzugsort versperrt war. Hund im Garten. Keine Auskunft erhalten.

An Gebühren sind entstanden: S 33,–.

H. R., Gerichtsvollzieher

Gesetze, Verordnungen, Erlässe

Feuerzeuge mit eigener Antriebskraft auf dem Bodensee

Verordnung des Bundesministers für Verkehr v. 17. Februar 1976 über die Schiffahrt auf dem Bodensee (Bodensee-Schiffahrts-Ordnung), BGBl 93/1976:

§ 2. In dieser Verordnung gilt als „Fahrzeug mit Maschinenantrieb“: ein Feuerzeug mit eigener in Tätigkeit gesetzter Antriebskraft.

Kundmachung des Bundeskanzlers v. 21. September 1976 betreffend die Berichtigung von Druckfehlern im Bundesgesetzblatt, BGBl 575/1976:

Auf Grund des § 2 Abs. 6 des Bundesgesetzes über das Bundesgesetzblatt 1972, BGBl Nr. 293, wird kundgemacht: Die Bodensee-Schiffahrts-Ordnung, BGBl Nr. 93/1976, wird wie folgt berichtigt:

Im § 2 hat es statt „Feuerzeug“ richtig „Fahrzeug“ zu lauten.

Erleichterungen auf der Straße zwischen Österreich und Tunesien

Abkommen zwischen der Republik Österreich und der Tunesischen Republik betreffend die grenzüberschreitende Beförderung von Personen und Gütern auf der Straße, BGBl 107/1984:

Die Republik Österreich und die Tunesische Republik, von dem Wunsche geleitet, die grenzüberschreitende Beförderung von Personen und Gütern auf der Straße zwischen ihren beiden Ländern sowie im Transit über ihre Gebiete zu erleichtern, haben folgendes vereinbart: . . .

Kein Fahrtenbuch

Verordnung des Bundesministers für Soziale Verwaltung vom 12. 8. 1975 über das Fahrtenbuch (Fahrtenbuchverordnung – FahrtbV), BGBl 461/1975:

§ 8. (1) Von der Verpflichtung zur Führung eines persönlichen Fahrtenbuches (persönlichen Wochenberichtsbuches) sind ausgenommen Lenker und Beifahrer

a) von selbstfahrenden Arbeitsmaschinen.

Amtstelephon

Aus dem Erlaß des Bundesministeriums für Finanzen, Zl 25.119-I/1958:

Erreichung des größten Erfolges mit dem kleinsten Aufwand durch Vollziehung von dienstlichen Verrichtungen auf dem Fernsprechwege

Unter Wahrung des Grundsatzes der Gesetzmäßigkeit der Verwaltung (Art 18 B-VG) sollen alle dienstlichen Verrichtungen, die auf dem Fernsprechwege zweckmäßiger, rascher und billiger ausgeführt werden können, nur auf diesem Wege auch wirklich vollzogen werden; denn auch jede einzelne dienstliche Handlung im Rahmen der Bundesverwaltung soll dem allgemeinen wirtschaftlichen Grundsatz entsprechen, mit dem kleinsten Aufwande den größten Erfolg zu erreichen. Auf § 18 Abs 1 und § 39 Abs 2 letzter Satz AVG, BGBl Nr. 172/1950, wird Bezug genommen.

Zuhilfenahme der Vorbemerkungen des Telephonbuches, Zahlung auf bekanntgegebenem Weg

Beabsichtigt ein Bundesbediensteter aus einem dringenden Grunde von seiner Dienststelle aus ein außerdienstliches unaufschiebbares Ferngespräch im Überlandverkehr zu führen, so hat er sich die Verbindung durch die Fernsprechvermittlung seiner Dienststelle herstellen zu lassen. Nach Abwicklung eines solchen Überlandgespräches stellt die Fernsprechvermittlung soweit als möglich genau, z. B. an Hand der Vorbemerkungen des Telephonbuches oder durch Anfrage bei der nächsten in Betracht kommenden Poststelle fest, was die Führung dieses Gesprächs gekostet hätte. Diesen Betrag gibt die Fernsprechvermittlung dem Bundesbediensteten bekannt, der ihn alsbald auf dem von seiner Dienststelle bekanntgegebenen Weg zu bezahlen hat.

Hintanhaltung von Mißbräuchen

Geeignete Mittel zur Hintanhaltung von Mißbräuchen können insbesondere die technischen Möglichkeiten der Überwachung, wie sie schon jetzt bei den Fernsprechvermittlungen für das *Mithören* bestehen, und deren entsprechende Anwendung gegen Mißbräuche, sowie bei Versagen aller anderer Möglichkeiten Fernsprechsverkehrssperren und – nur in Verbindung mit diesen – Gebührenanzeiger bieten ...

Gefährlicher Umgang

§ 25 Abs 2 Atomhaftpflichtgesetz (BGBl 117/1964):

Geht ein Dritter mit dem Radionuklid ohne Zustimmung des Inhabers um, so haftet er neben dem Inhaber, sofern er nicht beweist, daß er nicht gewußt hat und nicht wissen hat müssen, daß es sich um ein Radionuklid handelt.

Antrag auf Aufnahme einer Bedingung

Bundesgesetz vom 22. Jänner 1958, mit dem das Allgemeine Grundbuchsgesetz 1955 und das Bundesgesetz über die Gerichts- und Justizverwaltungsgebühren geändert und ergänzt wird, BGBl 15/1958.

Artikel I. Das Allgemeine Grundbuchsgesetz 1955, BGBl Nr. 39, wird ergänzt wie folgt: Dem § 53 Abs 1 ist als dritter Satz anzufügen:

Auf Antrag ist in die Anmerkung der beabsichtigten Verpfändung die Bedingung aufzunehmen, daß die Eintragung eines Pfandrechtes im Range der Anmerkung nur für dieselbe Forderung zulässig ist, für die entweder im Zeitpunkt des Einlangens des Ansuchens um Eintragung des Pfandrechtes bereits im Range einer anderen Anmerkung der beabsichtigten Verpfändung, der eine Bedingung nicht beigesetzt ist, die Eintragung eines anderen Pfandrechtes bewilligt worden ist oder gleichzeitig mit der Bewilligung der Eintragung des Pfandrechtes im Range einer anderen Anmerkung der beabsichtigten Verpfändung, der eine Bedingung nicht beigesetzt ist, die Eintragung eines anderen Pfandrechtes bewilligt wird.

Anmerkung:

„Sobald ein Gesetz gehörig kundgemacht worden ist, kann sich niemand damit entschuldigen, daß ihm dasselbe nicht bekannt geworden sei“ (§ 2 ABGB).

Kein Wald trotz eines das Hiebsunreifealter übersteigenden Bewuchses

Forstgesetz 1975 (BGBl 440/1975), § 1 Abs 4 lit a:

Nicht als Wald im Sinne des Abs 1 gelten unbeschadet anderer Bestimmungen dieses Bundesgesetzes Grünflächen, die nicht forstlich genutzt werden und deren das Hiebsunreifealter übersteigender Bewuchs eine Überschirmung von drei Zehnteln nicht erreicht hat.

Sorgfalt der Postzusteller bei der Zustellung von Gegenständen, deren Aufschrift nach zweideutigen Orten lautet. Gefahren durch Schnupftabak usw.

Dienstanweisung für die Zusteller bei den Postämtern, herausgegeben vom Bundesministerium für Verkehr, Wien 1947, Seite 89 f:

1. Eine besondere Sorgfalt hat der Zusteller dem Nachweis der Nämlichkeit zuzuwenden bei Sendungen an Reisende oder Fremde in Gasthöfen, Gastwirtschaften und in anderen Räumen, die nicht als eine feste Wohnung des Empfängers angesehen werden können, sowie überhaupt an unbekannte Untermieter usw. Dies gilt namentlich bei Geldsendungen. Die Fälle sind nicht selten, daß man versucht, die Zusteller zu täuschen, und es ist wiederholt vorgekommen, daß dies auch gelungen ist . . .

Die Ausübung dieser Sorgfalt darf aber auch nicht zu einer unnötigen Belästigung und Behinderung des Verkehrs führen, namentlich wenn es sich um bekannte, zuverlässige Personen handelt; andrerseits erheischt es jedoch die Sicherheit, daß bei der Zustellung von solchen Gegenständen, deren Aufschrift nach Gasthöfen, Gasthäusern, öffentlichen Vergnügungsstätten oder gar nach zweideutigen Orten lautet, die größte Vorsicht beobachtet werde, und die Zusteller würden sich die Folgen einer Nachlässigkeit selbst zuzuschreiben haben.

2. Besonders muß noch auf die durchaus nicht vereinzelten Fälle hingewiesen werden, wo die Empfänger von Sendungen den Zustellern Betäubungsmittel, wie berauschende Getränke, besonders zubereiteten Schnupftabak usw. dargereicht haben, um auf sie einen Raubanfall ausführen zu können. Die Zusteller werden ausdrücklich davor gewarnt, von unbekannten Leuten Getränke u. dgl. anzunehmen.

Taktgefühl

Bundesministerium für Soziale Verwaltung, Zl 39.560/5 – 21/1970 v. 17. Juli 1970.

Betrifft: Stellung und Wertung der Frau in der Gesellschaft; Vorschlag für eine Empfehlung an die Bundesregierung.

Vortrag an den Ministerrat

...Die Anrede von erwachsenen weiblichen Personen soll einheitlich und in der Weise geregelt werden, daß im amtlichen Verkehr schriftlich und mündlich generell ohne Rücksicht auf eine Altersgrenze die Anrede „Frau“ zu verwenden ist. Im privaten Verkehr bleibt die Anrede „Frau“ oder „Fräulein“ dem Taktgefühl des einzelnen überlassen bzw. es wird als zweckdienlich erachtet, wenn die ledige weibliche Person selbst zum Ausdruck bringt, welche Anrede sie wünscht...

Der Bundesminister.

Keine Exekution auf zwei Ziegen, Orden und Brillen

§ 251 Exekutionsordnung:

Der Exekution sind ferner entzogen:

3. eine Milchkuh oder nach der Wahl des Verpflichteten zwei Ziegen oder drei Schafe nebst den zum Unterhalte und zur Streu bis zur Zeit der nächsten Ernte erforderlichen Futter- und Streuvorräten, sofern die bezeichneten Tiere für die Ernährung des Verpflichteten und seiner im gemeinsamen Haushalte mit ihm lebenden Familienglieder und Dienstleute unentbehrlich sind.

12. Orden und Ehrenzeichen;

13. künstliche Gliedmaßen, Brillen...

Mutterpflichten der Reichsregierung

Aus dem deutschen Mutterschutzgesetz vom 17. Mai 1942, dRGBl I 321:

Damit sie die Pflichten ihrer Mutterschaft ungefährdet erfüllen kann, hat die Reichsregierung das folgende Gesetz beschlossen, das hiemit verkündet wird:...

Militärflugzeuge

§ 11 Abs 2 Luftfahrtgesetz, BGBl 253/1957:

Militärflugzeuge sind Luftfahrzeuge, die das Kennzeichen eines Militärluftfahrzeuges tragen.

Extrawurst

Kundmachung des Bundesministers für Gesundheit und Umweltschutz vom 3. Dezember 1980, BGBl 570/1980, über die Aufhebung der Verordnung des Bundeministers für Gesundheit und Umweltschutz vom 2. Feber 1977 durch den Verfassungsgerichtshof:

Gemäß Art 139 Abs 5 erster Satz B-VG in der Fassung des Bundesverfassungsgesetzes BGBl Nr. 302/1975 und gemäß § 50 Abs 2 des Verfassungsgerichtshofgesetzes 1953, BGBl Nr. 85, in der Fassung des Bundesgesetzes BGBl Nr. 311/1976, wird kundgemacht:

Der Verfassungsgerichtshof hat mit Erkenntnis vom 10. Oktober 1980, V 36/77-12, dem Bundesminister für Gesundheit und Umweltschutz zugestellt am 1. Dezember 1980, die Verordnung des Bundesministers für Gesundheit und Umweltschutz vom 2. Feber 1977 über Extrawurst, BGBl Nr. 89, als gesetzwidrig aufgehoben.

Die Verordnung ist auch für die vor der Aufhebung verwirklichten Tatbestände nicht mehr anzuwenden.

Anmerkung:

Die im Text zitierte, nunmehr aufgehobene Verordnung siehe im „Käsegeruch“, Seite 95.

Faltenreiche Umhüllung

Verordnung des Bundesministeriums für Justiz vom 9. Mai 1962 über die Beschaffenheit, das Tragen und die Tragdauer des Amtskleides der Richter, BGBl 133/1962:

Beschaffenheit des Amtskleides

§ 1. (1) Das Amtskleid des Richters besteht aus einem schwarzen Talar und einem Barett. Der Talar aus leichtem Wollstoff ist ein faltenreiches, vorne schließbares Gewand mit offenen, zirka 50 cm weiten Ärmeln und einem zirka 22 cm breiten runden, vorne in einen spitzen Halsausschnitt auslaufenden kragenartigen Besatz. Der Halsausschnitt wird durch zwei dreieckige, am unteren Rande zirka 10 cm, am Seitenrande zirka 18 cm lange Reversteile aus violettem Samt gebildet, von denen der linksseitige über den rechtsseitigen derart hinübergelegt wird, daß von der Hemdbrust unterhalb des Krawattenknopfes nur ein kleiner, höchstens 4 cm hoher Teil sichtbar bleibt.

(2) Die Oberärmel sind mit einem 15 cm breiten und 35 cm langen schwarzen, violett passepoilierten Streifen aus Seide besetzt.

(3) Am linken Vorderteil des Talars ist längs des vorderen Randes auf der inneren Seite eine 5 cm breite Leiste aus schwarzem Stoff angesetzt, an welcher fünf Knopflöcher angebracht sind, denen am rechten Vorderteil fünf vom Rande 6 bis 8 cm entfernte schwarze Stoffknöpfe entsprechen. Auf der linken Seite ist eine senkrechte Tasche aus schwarzem Stoff eingesetzt. Am unteren Rande ist der Rückenteil in einer Länge von zirka 40 cm geschlitzt.

(4) Der Talar umhüllt faltenreich den Körper und reicht fast bis zum Knöchel.

Tragdauer des Amtskleides

§ 4. Die Tragdauer des Amtskleides beträgt fünf Jahre. Sie beginnt mit dem Tage der Beistellung des Amtskleides.

Juristisch-Literarisches

Hasenverzehr zur Vernichtung eines Schuldverhältnisses

Wolff in Klang[2] VI 40 f:

Keine Haftung besteht in folgendem Fall: A hat einen Hasen im Fenster hängen. B verspricht dem C, er werde A den Hasen abkaufen und C schenken. A weiß das, verzehrt aber den Hasen in der Absicht, die Obligation zu vernichten. Hier übt A sein Eigentumsrecht aus und würde schon nach dem Wortlaut des § 1305 nicht haften. Jedenfalls ist aber das rechtliche Interesse des B nicht überwiegend.

Wenn Hunde Rechtswissenschaft treiben würden.

Burckhard, Zur Lehre von den juristischen Personen, GrünhutsZ XVIII 35 f:

Wenn die Hunde Jurisprudenz treiben würden, würde in den Hundepandekten der Hund als natürliche Person figurieren. Könnten die Begriffe Jurisprudenz treiben, würde in ihrer Jurisprudenz der Begriff das natürliche Individuum sein. Und wären die Federstiele, Krinolinen, Schachtelhalme, Stiftungen, Fonde etc. denkende Wesen, so würde in ihrer Rechtsauffassung der Federstiel, der Reifrock, der Schachtelhalm, die Anstalt, der Fonds die natürliche Person sein. Und so ist nach der Auffassung der Menschen der Mensch d a s Individuum, die Person im natürlichen Sinne, d.i. in dem Sinne der Menschen (im Gegensatze zu dem uns verschlossenen und unerschließbaren inneren Sinne der Hunde, Begriffe, Federstiele, Reifröcke, Schachtelhalme, Anstalten, Fonde).

Anmerkung:

Die Pandekten sind wichtige römische Juristenschriften, die noch in der Neuzeit in weiten Teilen Mitteleuropas wie ein Gesetz gehandhabt wurden. – Für die Juristen ist der Mensch die „natürliche Person", daneben gibt es künstliche („juristische") Personen, z. B. Vereine und Aktiengesellschaften. Alles andere, z. B. Tiere und sonstige Sachen, ist „Objekt".

Juris
prudenz
§

Schnitzer im Klang

Strasser – Grillberger, Probleme des Zessionskredits 20 FN 35:

Vgl Ehrenzweig, System II/2, 326 ff; Schnitzer in Klang² VI 378 f; Koziol-Welser, Grundriß I³, 202 f.

Anmerkung:

Gemeint sind die Ausführungen von Gschnitzer.

Pflichten von Hundebesitzern bei Postzustellung, Gefahrlosigkeit von Zwergrattlern

Schaginger – Trpin, Postgesetz und Postordnung (Wien 1958), Seite 459; Anmerkung zu § 169 Postordnung:

Mit Gefahr ist die Begehung von solchen Abgabestellen verbunden, innerhalb der bissige Hunde gehalten werden. Von jährlich rd. 1350 Unfällen im Postdienst ist ein erheblicher Teil auf Hundebisse zurückzuführen. Es wird angezeigt sein, daß die Postämter von der Möglichkeit des § 169 – Abgabestellen mit bissigen Hunden von der Zustellung auszuschließen – im Interesse der Bediensteten entsprechenden Gebrauch machen, aber nicht erst dann, wenn der Zusteller bereits gebissen wurde, sondern schon dann, wenn der Zusteller *gefährdet* ist, d.h. wenn die *Möglichkeit* besteht, daß er von dem Hund eines bestimmten Empfängers gebissen wird. Diese Möglichkeit besteht immer dann, wenn der Hund beim Öffnen der Wohnungstür in dem Raum anwesend ist, in den diese Tür führt (Vorzimmer, Küche). Der Empfänger ist verpflichtet, den Hund in einen anderen Raum zu sperren, bevor er die Wohnungstür öffnet; selbstverständlich darf es sich nicht um einen Zwergrattler handeln, sondern um einen Hund, den der Zusteller – unter Berücksichtigung seiner Behinderung durch die Zustelltasche und die Sendungen – nicht abwehren kann.

Wenn das Erstgericht in den Ferien etwas anstellt...

Richterzeitung 1985/4:

§§ 125, 222, 225 ZPO:

Berechnung einer Berufungsfrist, wenn das Ersturteil während der Gerichtsferien angestellt wurde.

Fremde Sprache

Klang in Klang[2] II 549:

Dienstbarkeit (Servitut) ist das dingliche Recht der Nutzung einer fremden Sprache.

Anmerkung:

Gemeint ist eine fremde Sache.

Ersatzpflicht bei Beschädigung der Bibliothek eines Analphabeten

Wolff in Klang[2] VI 17:

Wenn A die in einen unzugänglichen Abgrund gefallene, aber weil sie auf Gesträuch fiel, unversehrt gebliebene Uhr des B, die man unmöglich heraufholen kann, durch Steinwürfe zertrümmert, so handelt er nicht rechtswidrig, da kein objektives Interesse an der Unversehrtheit der Uhr besteht. Anderseits handelt rechtswidrig, wer die Bücherei eines Analphabeten beschädigt, auch wenn bezüglich ihrer ein letztwilliges Veräußerungsverbot besteht.

Anhang I

Für Opern-Juristen

Gianni Schicchi und das Recht

Anmerkungen für Erben und Erblasser

Von *Rudolf Welser*

Zur Erinnerung an den Sachverhalt von Puccinis Gianni Schicchi: Der Florentiner Bürger Buoso Donati ist unter lautem Wehklagen der Verwandten gestorben, die alle auf die reiche Erbschaft hoffen. Sie finden ein Testament, in dem Donati ein nahegelegenes Kloster zum Erben eingesetzt hat. Man holt den schlauen Gianni Schicchi, der Abhilfe schaffen soll. Gianni läßt den Toten ins Nebenzimmer schaffen, verkleidet sich als todkranker Erblasser Donati und diktiert dem herbeigerufenen Notar ein neues Testament, das aber hauptsächlich zugunsten des „lieben Freundes" des Erblassers, nämlich des Gianni Schicchi, ausfällt. Die wütenden Verwandten sind machtlos, weil auch ihnen als Mitwirkende hohe Strafen drohen. Gianni Schicchi aber bittet das Publikum um mildernde Umstände, weil er alles für ein junges Paar getan habe: für den zu den Verwandten Donatis zählenden Rinuccio und für Giannis Tochter Lauretta, die Rinuccio liebt. Ihnen überläßt er das Vermögen, die Verwandtschaft jagt er aus dem Haus.

I.

Schenkt man einer alten erbrechtlichen Weisheit Glauben, so hat der Florentiner Buoso Donati keinen angenehmen Tod gehabt, als er am 1. September des Jahres 1299 unter dem Wehklagen seiner Lieben für immer die Augen schloß. Wußten doch schon die – freilich weiter nördlich siedelnden – Germanen: „Wer will wohl und selig sterben, lass' sein Gut den rechten Erben." Mit diesen sind nach vielen alten und neuen Rechten die nächsten Angehörigen gemeint. Buoso Donati ließ sich davon nicht beeindrucken. Seine Wahl fiel auf einen Erben, der noch Jahrhunderte später eines „guten Magens" bezichtigt wurde, nämlich die Kirche, genauer gesagt ein nahegelegenes Kloster. Was Donati veranlaßt haben mag, den „unseligen Tod" in Kauf zu nehmen, können wir nur ahnen.

Vermutlich war es weniger die Aussicht auf eine Prämiierung im Jenseits als die Habgier der lieben Anverwandten. Und diese waren gegen den Willen Donatis weitgehend machtlos. Denn auch die „Ordinamenta Iustitiae“, die Stadtstatuten von Florenz, die beim Tode Donatis erst sechs Jahre alt waren, anerkannten – wie das römische und gemeine Recht, auf dem sie beruhten – die Testierfreiheit des Erblassers, also die Möglichkeit, die Erbfolge anders zu ordnen, als es das Gesetz vorsieht. Von Ausnahmen wird noch die Rede sein.

II.

Die Situation der um das Sterbelager versammelten sauberen Gesellschaft war also nicht rosig. Man fragt sich allerdings, warum sie sich nicht durch jenes einfache Mittel geholfen hat, das sie ursprünglich im Auge hatte, und das vor ihr und nach ihr unzähligen enttäuschten Hinterbliebenen Rettung brachte: die Vernichtung des Testaments. Wäre kein „letzter Wille“ dagewesen, so hätte der Nachlaß an die gesetzlichen Erben, also an die Verwandten fallen müssen. Donati hatte in diesem Punkt einen Fehler gemacht, der ihm eigentlich nicht hätte passieren dürfen. Allem Anschein nach hat er nämlich ein privates eigenhändiges Testament errichtet, zu dem man keine Zeugen braucht und das auch bei keiner öffentlichen Vertrauensperson verwahrt wird. Heute wie damals hat ein solcher „letzter Wille“ den Vorteil der Geheimhaltung, aber auch den eklatanten Nachteil der leichten Vernichtbarkeit.

Weshalb hat also die Verwandtschaft die Sache nicht allein erledigt, statt sich mit Gianni Schicchi einzulassen? Vielleicht wurde sie von der Idee Rinuccios, den Gianni zu holen, überrascht, vielleicht ergab sich aus dem Inhalt des Testaments die Mitwisserschaft Außenstehender. Es gibt aber noch eine andere Erklärung: Die lieben Verwandten wußten nicht, wer von ihnen etwas bekäme, wenn man dem gesetzlichen Erbrecht seinen Lauf ließe. So komplizierte Verhältnisse, wie sie unsere Trauergesellschaft aufweist, könnten freilich auch einen Fachmann zur Verzweiflung bringen. Gherardo (und damit Gherardino) stammt von einem Bruder oder einer Schwester Buosos ab. Simon und Zita müssen Nachkommen eines Onkels (oder einer Tante) des Erblassers sein. Wahrscheinlich hatten Zita und Simon noch einen Bruder (eine Schwester), von dem Rinuccio abstammt. Das ist freilich recht unsicher. Denn Rinuccio tritt einerseits als Neffe der Zita auf, nennt aber andererseits den Buoso seinen „Ohm". Würde das stimmen, so könnte Zita wieder unmöglich Buosos Base sein. Die Verwandten haben es also auf unsere Verwirrung angelegt. Sie sagen uns auch nicht, wie wir den Schwager Betto unterbringen sollen. Ist er der Bruder einer Frau Buoso Donatis oder der Mann einer Schwester Donatis? Solche Geheimnistuerei verärgert den juristischen Gutachter, der sich nicht mit dem Florentiner Recht plagen will, wenn wegen ungeklärter Verwandtschaftsverhältnisse ohnedies alles offen bleibt. Vermutlich hat aber im damaligen Florenz – unter dem Einfluß des Edictum Rothari – ohnedies nichts anderes gegolten als nach dem österreichischen Parentelensystem: Ohne Testament wäre von allen Anwesenden nur einer der Glückliche gewesen. Gherardo hätte den ganzen Nachlaß geerbt. Er aber erkannte seine Chance nicht.

III.

Verspinnt man sich so in die Gedanken der Fälscher und Täuscher, so vergißt man fast, daß es vielleicht einen ganz legalen Weg gegeben hätte, um die ungeliebten Klosterbrüder – wenigstens teilweise – um die Erbschaft zu bringen. Denn weder in den alten noch in den neuen Rechten ist die Verfügungsfreiheit des Erblassers schrankenlos. Gewissen nahen Angehörigen (den „Noterben" oder „Pflichtteilsberechtigten") muß ein Mindestanteil am Nachlaß bleiben, sonst ist das Testament ganz oder zum Teil ungültig. Dieser „Pflichtteil" kann den Begünstigten nur aus besonderen Gründen entzogen werden, wozu die bloße Habgier nicht gehört. Für ein anderes anstößiges Verhalten der Verwandten haben wir aber keinen

Beweis. Der Kreis der pflichtteilsberechtigten Personen ist freilich sehr eng. Nach österreichischem Recht sind es nur die Nachkommen, die Vorfahren und der Ehegatte des Erblassers, nicht aber z. B. seine Onkeln, Tanten oder Geschwister. Danach hätte man den versammelten Verwandten von einer Klage gegen das Kloster abraten müssen. Ob es freilich nach dem alten Florentiner Recht genauso war, ist zweifelhaft. Hier hätte Gherardo vielleicht eine Chance gehabt. Am 1. September 1299 drängte allerdings die Zeit, und die Einholung eines offiziellen Rechtsgutachtens hätte – wäre es negativ gewesen – für alles weitere den Weg verbaut. Statt dessen kam Gianni Schicchi. Traut man den Lobpreisungen, die Rinuccio seinem künftigen Schwiegervater widmet, muß freilich Gianni auch die Pflichtteilsfrage erwogen haben. Denn „er ist mit jedem heimlichen Kniff des Gesetzbuches gar wohl vertraut". Und das Ergebnis seines Sinnierens im akademischen Hin- und Herwandeln ist ein zweimaliges „Nichts zu machen!"

IV.

Wenn also wirklich nichts zu machen war, blieb ohnedies nur die Testamentsunterschlagung oder die Testamentsunterschiebung. Solche Fälle kommen auch heute vor; wie oft, läßt sich begreiflicherweise nicht sagen. Die dabei für die Unterschiebung gewählte Methode setzt nicht ganz die schauspielerischen Fähigkeiten eines Gianni Schicchi voraus. Man treibt vielmehr drei Zeugen auf, die angeben, daß der Erblasser vor ihnen – ganz zuletzt natürlich – ein mündliches Testament gemacht habe. Meist ist die Geschichte nur halb erdichtet, denn irgendwann (beim Heurigen) hat der Verstorbene in guter Laune ohnedies gesagt, daß alles einmal die „Tante Mizzi" erben werde. Dem Erbrecht genügt das freilich nicht. Schriftliche Fälscherkunststücke begegnen seltener. Immerhin hatte der österreichische Oberste Gerichtshof schon 1894 mit einem Fall zu tun, in dem sich eine Vermächtnisnehmerin durch Fälschung eines letzten Willens selbst auf 5.000 Gulden eingesetzt hatte. Im Jahre 1952 versuchte eine Ehefrau dem sterbenden

Mann einen weißen Bogen zur Unterschrift vorzulegen, um daraus ein Testament zu produzieren, in dem sie sich die Rolle der Alleinerbin zugedacht hatte.

Kommen solche Dinge ans Licht der Sonne, so haben sie nicht nur strafrechtlich, sondern auch erbrechtlich schlimme Folgen. Daß die Fälschung selbst ungültig ist, bedarf keines Wortes. Die Betrüger werden außerdem allen Geschädigten ersatzpflichtig und verlieren jedes Erbrecht, das sie vielleicht sonst nach dem Verstorbenen gehabt hätten. Denn „Wer den Erblasser zur Erklärung des letzten Willens gezwungen oder betrüglicher Weise verleitet, an der Erklärung oder Abänderung des letzten Willens gehindert oder einen von ihm bereits errichteten letzten Willen unterdrückt hat, ist von dem Erbrechte ausgeschlossen. . . “ (§ 542 ABGB). Schon die Verheimlichung des Testaments allein müßte also irgendwelche Ansprüche Gherardos oder anderer Angehöriger vernichtet haben. Es kommt aber noch die Erdichtung des letzten Willens hinzu, die der Vernichtung gleichgestellt wird. Der Oberste Gerichtshof hat schon 1908 klargestellt, daß es nicht darauf ankommt, ob die Täuschungshandlungen vor oder nach dem Tod des Erblassers gesetzt werden. In dem noch älteren Urteil aus dem Jahr 1894 hatte das Gericht hingegen seltsamerweise zugunsten der Fälscherin entschieden. Was nach dem Tod des Erblassers geschehe, habe auf die Erbwürdigkeit keinen Einfluß. Wäre also Gherardo wirklich pflichtteilsberechtigt, so hätte er sich trotz des Fälschungsversuches auf das österreichische Höchstgericht berufen können; freilich nur im Jahre 1894!

V.

Wenden wir uns jetzt der strafrechtlichen Seite des Falles zu. Was die überirdische Gerechtigkeit anlangt, so hat diese, wie wir aus verläßlicher Quelle wissen, zu Lasten des Hauptakteurs hinreichend gewaltet. Wie Dante im 30. Gesang des ersten Teiles der Divina Commedia berichtet, fristet Gianni

Schicchi nunmehr sein Dasein in der Hölle, und zwar als tollwütig Rasender. Er befindet sich dabei in angemessener Gesellschaft mit Fälschern aller Art: Alchimisten, Falschmünzern, Urkundenfälschern, falschen Zeugen. Er selbst gehört in die Kategorie der „Persönlichkeitsfälscher“, weil er sich für einen anderen ausgegeben hat. Gleich ihm und mit ihm rast – so daß sie sind „ein tolles Paar“ – eine Angehörige der antiken „high society“: Myrrha, die Tochter des sagenhaften Königs von Zypern, Cinyras. Ging's unserem Gianni vor allem um den Maulesel, so hatte Myrrha nach dem Bericht Ovids ein ganz anderes Ziel: Sie verführte den Vater in Verkleidung zur Blutschande. Der Hölle gilt es freilich gleich: Gefälscht ist nun einmal gefälscht!

Angeblich wurde Gianni Schicchi auch vom irdischen Arm der Gerechtigkeit ereilt. Dem Helden unserer Oper macht denn auch die Zukunft schwer zu schaffen. Mehrfach taucht die Vision der Bestrafung vor ihm auf und mischt sich sogar in das Diktat des Testaments. Und in der Tat war das Risiko, das Gianni der Fälschergesellschaft ausmalt, nicht gering: „Dem Fälscher, der an Stelle eines anderen diktiert Vermächtnisse und Testamente, droht samt seinen Helfern der Verlust der rechten Hand und dazu Verbannung.“ Die Aussicht, die geliebte Stadt Florenz verlassen zu müssen, scheint dabei den Übeltäter nicht weniger zu beeindrucken als die Vision des „Handstummels“. Moderne Betrüger mögen nicht gleichermaßen denken, zumal wenn es nicht gerade um Florenz geht.

Einem heutigen Fälscher bliebe freilich – zumindest in Mitteleuropa – auch das Handabschneiden erspart. Der österreichische Richter würde die Teilnehmer unserer sauberen Gesellschaft allesamt Betrüger nennen und ihnen mit den §§ 146 und 147 des Strafgesetzbuches zu Leibe rücken. Da sie das eingesetzte Kloster wohl um mehr als S 100.000,– schädigen wollten, drohte ihnen eine Freiheitsstrafe zwischen einem und zehn Jahren. Aber auch noch mit einem anderen Paragraphen des Strafgesetzbuches würden Gianni und die löblichen Verwandten im Konflikt sein. Haben sie doch bewirkt, daß der gutgläubige Notar in einer öffentlichen Urkunde Unrichtiges bestätigte (§ 228 StGB). Das eine Jahr Freiheitsstrafe, das für solches Treiben höchstens ausgesetzt ist, müßte aber in den zehn erwähnten untergehen. Ob die Übeltäter allerdings zu einer so harten Strafe gelangen würden, steht in den Sternen.

Die Anwendung des außerordentlichen Milderungsrechts könnte die Freiheitsstrafe auf einen Monat reduzieren (§ 41 StGB), zu einer Geldstrafe (§ 37 Abs 2 StGB) oder gar zur bedingten Strafnachsicht führen (§ 43 StGB). Hiezu müßten wir freilich unserem Gianni die „mildernden Umstände" zubilligen, um die er am Schluß der Oper bittet. Dem steht entgegen, daß Gianni kein ganz unbeschriebenes Blatt zu sein scheint. Hätte er sich schon zweimal wegen gleicher schädlicher Neigung vor Gericht verantworten müssen, so könnten sich die höchstens zehn auf ganze fünfzehn Jahre erhöhen. Sehen wir aber tatsächlich unseren Helden so schwarz, so droht ihm noch viel Ärgeres: Er könnte nach Verbüßung seiner Freiheitsstrafe in einer „Anstalt für gefährliche Rückfallstäter" so lange ein Heim finden, „als es der Zweck der vorbeugenden Maßnahme erfordert" (§§ 23, 25 StGB). Die Abneigung gegen solch fürsorgliches Vorgehen des Staates dürfte Schicchi mit seinen neuzeitlichen Kollegen teilen. Wir wissen aber auch nicht, ob er die hochnoble höllische Gesellschaft mit dem Aufenthalt in einer irdischen Strafvollzugsanstalt vertauschen möchte.

(Zuerst veröffentlicht 1980 im Wiener Staatsopernprogramm)

Von Auslobungen und Wetten

Ein Glücksspiel um Turandot – juristisch betrachtet

Von *Rudolf Welser*

Zur Erinnerung an den Sachverhalt von Puccinis Turandot: Um die Schande, die vor tausenden von Jahren einer Ahnin von den Tataren zugefügt wurde, zu rächen, treibt die chinesische Prinzessin Turandot ein grausames Spiel mit den Männern. Sie läßt ihre Bewerber aus fürstlichem Geschlecht Rätsel lösen. Wer die Probe besteht, soll Turandot zur Frau erhalten, wer versagt, von der Hand des Henkers fallen. Viel Blut ist so schon in Peking geflossen. Gerade haben sich in den Straßen der Stadt der entmachtete Tatarenkönig Timur und sein Sohn Kalaf wiedergefunden. So sehr hat aber Kalaf der Anblick Turandots entflammt, daß auch er zur Prüfung antreten will. Zur allgemeinen Verwunderung löst Kalaf die drei Rätsel, doch die dadurch gedemütigte Turandot möchte nun den Preis nicht zahlen. Kalaf gibt ihr aus Liebe eine Chance: Gelingt es ihr, bis Tagesanbruch seinen Namen zu erfahren, so will er den Weg zum Henker antreten. Turandot setzt alle Mittel ein, um des Prinzen Namen zu entdecken. Liu, des Königs Timur junge Dienerin, gesteht, sie sei die einzige die das Geheimnis kenne. So will sie, die den Prinzen liebt, dessen Vater die Tortur ersparen. Um aber in der Folter nicht selbst zu sprechen, wählt sie freiwillig den Tod. Kalaf nennt Turandot freiwillig seinen Namen und gibt sich damit in ihre Hand. Die Prinzessin ist aber schon dem Kusse Kalafs erlegen und weiß nun, daß sie ihn von Anbeginn an liebte. Dem Volke verkündet sie, der Name des Fremden laute „Liebe".

I.

Daß eine Frau einem Mann Rätsel aufgibt, soll schon öfter vorgekommen sein. Daß sich aber die Männer in Scharen um die Auflösung drängen und sich den Kopf nicht nur verdrehen, sondern im Falle ihres Versagens auch gleich abschneiden lassen, ist nicht alltäglich. Man kann allerdings sicher sein, daß es auch für diese Fälle eindrucksvolle tiefenpsychologische Gründe gibt. Dies ist aber nicht mein Metier.

Spiele, Wetten, Preisausschreiben und ähnliche Bewerbungen gab es zu allen Zeiten und gibt es auch heute noch genug. Märchenhaft sind für uns in Turandot aber die ausgesetzten „Preise“: Heirat und Köpfen. Vor einigen Jahrtausenden war freilich dergleichen noch gar nicht so unüblich. Vom Fernen Osten bis in unsere Breiten verwürfelte und verwettete man alles, was man gerade hatte: Haus und Hof, die ganze Habe, die Frau, den Sohn und die Tochter, die eigene Freiheit und das Leben. Redewendungen wie „Ich wette um meinen Kopf“ oder „Das gelt' ein Auge!“ waren also durchaus ernst gemeint. So gesehen, ist auch die Geschichte von Turandot rechtlich nicht absonderlich oder aufregend. Sie ist überdies durch einen Erlaß des Kaisers gedeckt, der alles möglich und erlaubt macht: die Verpflichtung zur Heirat und das Köpfen. Damit wäre man juristisch auch schon am Ende. Was sich noch anbietet, ist bloß eine Fleißaufgabe. Man kann fragen, wie der Fall nach dem geltenden Gesetz zu beurteilen wäre. Wem dies Spaß macht, der folge unseren Betrachtungen. Er darf uns aber dann nicht schelten, wenn wir für unsere Zwecke die Heiratsverpflichtung und das Kopfabschneiden für erlaubt halten.

II.

Versucht man die „öffentliche Verkündigung der Bewerbungsmöglichkeit“ unter einen „juristischen Hut“ zu bringen, so fällt einem zuerst die Auslobung ein. Man versteht darunter das öffentliche Versprechen einer Belohnung für die Erbringung einer Leistung oder die Herstellung eines Erfolges (§ 860 ABGB). An der öffentlichen Kundgabe fehlt es im vorliegenden Fall sicher nicht. Haben doch die Veranstaltungen der Prinzessin Turandot einen solchen Publizitätsgrad erreicht, daß es sich selbst die königlichen Sprosse von Samarkand und Indien, von Birma und Kirgisien, vom Tatarenland und von Persien nicht haben nehmen lassen, mit ihren Köpfen den chinesischen Palast zu zieren. Die Welt ist eben „übervoll von liebestollen Narren“, sie hören allemal den Ruf, „so daß es nimmer mangelt an der Arbeit der Prinzessin Turandot." Daß sich die Ausschreibung nur an Prinzen wendet, mag man je nach Geschmack als ein negatives Privileg der herrschenden Klasse oder als eine soziale Ungerechtigkeit empfinden; vom Recht her ist es gleichgültig; die Erklärung richtet sich noch immer an einen unbestimmten Personenkreis, zumal offensichtlich an Prinzen allgemein kein Mangel herrscht. Die Belohnung, die das Gesetz verlangt, ist Turandot selbst. Die Charakterzüge, welche die Prinzessin im Laufe der Oper nicht ganz verbergen kann, lassen freilich Zweifel aufkommen, ob es ein „Lohn" ist, diese Frau heimzuführen. Doch ist die Liebe allemal blind und wohl auch taub, und so mögen es sich die Bewerber selbst zuschreiben, wenn sie sich verkalkulieren, das Gesetz greift da nicht ein. Übrigens bleibt ihnen ja die Hoffnung auf das Kaiserreich von China als Mitgift.

Die Belohnung erhält nur, wer die verlangte „Leistung" erbringt oder den gewünschten „Erfolg" herstellt. Dazu kann auch die Lösung von Rätseln gehören. Können doch noch ganz andere Dinge im Sinne des Auslobungsrechtes belohnt werden! So stellt bei einer Schönheitskonkurrenz für Hunde oder Menschen jener den „Erfolg" her, welcher der oder die „Schönste" ist. Ebenso mache ich eine Auslobung, wenn ich demjenigen eine Eintrittskarte zum Popkonzert verspreche, der errät, wieviele Buchstaben das Wort ORF enthält. Unter unseren Paragraphen fällt schließlich auch der Ehemann, der bereit ist, S 300,– zu zahlen, wenn ihm seine entschwundene Frau zurückgebracht wird. Wir sind geneigt, ihn einen unverbesserlichen Geizhals zu schimpfen, könnten uns aber täuschen. Es ist nämlich auch denkbar, daß er eine sogenannte negative Auslobung vornehmen wollte, also eine solche, „bei der es dem Auslobenden erkennbar lieber ist, wenn der Erfolg nicht hergestellt wird". Als Beispiel diene der Fall, daß der Autor eines Grundrisses für jeden aufgefundenen Druckfehler S 100,– verspricht. Auch bei der Turandotschen Ausschreibung liegt der Verdacht nahe, daß es der Prinzessin erkennbar lieber ist, wenn der Erfolg ausbleibt. Es geht ihr offenbar weniger um die Erlangung eines rätselkundigen Gemahls, als um die Rache am männlichen Geschlecht und um die Abhaltung publikumswirksamer Veranstaltungen. Macht sie doch kaum ein Hehl daraus, daß ihr der Erfolg Kalafs zuwider ist. Allzugern hätte sie ihr Versprechen widerrufen, was ihr aber nach

§ 860 a ABGB verwehrt war. Der Widerruf wäre danach nur bis zur Vollendung der Leistung wirksam.

Scheint es somit, der Vorgang passe gut in das juristische Schema der Auslobung, so muß man dieses wieder aufgeben, wenn man an die „Kehrseite der Medaille" denkt: Verfehlt der Prinz die Antwort, so hat er nicht bloß „versungen und vertan" und somit die Chance eingebüßt, Schwiegersohn des Kaisers von China zu werden, sondern er wandert auch zum Scharfrichter. Mit einer bloßen Auslobung ist dies unvereinbar. Sie kann dem Bewerber nur einen „Preis" bringen, nicht aber einen Verlust. Also müssen wir nach anderen juristischen Strukturen Ausschau halten.

III.

Wie sicher sich Kalaf seines Sieges auch sein mag, er ist ungewiß, der Prinz braucht dazu Glück. Und das führt uns auf die richtige Spur. Turandot und Kalaf schließen einen Glücksvertrag, weil sie ein Wagnis eingehen, „einen Vorteil erhoffen" (§ 1265 ABGB). Ist es aber ein Spiel oder eine Wette? Für das frühere deutsche Recht war das eine „Gretchenfrage", die manchem Rechtsgelehrten schlaflose Nächte bereitet hat. Schließlich meinte man, es sei jedenfalls ein Spiel, wenn die Beteiligten irgendwie auf den von ihnen gewünschten Erfolg „hinwirkten". Ein Schriftsteller fand dazu die passenden Beispiele: Setzen zwei Engländer je eine mitgebrachte Schnecke auf den Tisch und soll jener gewinnen, dessen „Renntier" zuerst am anderen Ende der Tischplatte anlangt, so ist es ein Spiel, weil jeder zum Ausgang der Sache beiträgt. Man denke nur an die Möglichkeit des „Anfeuerns" durch Zurufe! Hingegen ist der Vertrag, den Canning mit dem Herzog schloß, daß derjenige vom anderen 100 Pfund erhalten sollte, dem auf einem bestimmten Wege die meisten Katzen begegneten, eine Wette.

Damit wäre die Sache für das alte deutsche Recht geklärt, bei uns ist aber die Angelegenheit schon deshalb nur halb so aufregend, weil das Gesetz die Wette ausdrücklich umschreibt. „Wenn über ein beiden Teilen noch unbekanntes Ereignis ein bestimmter Preis für denjenigen, dessen Behauptung der Erfolg entspricht, verabredet wird, so entsteht eine Wette" (§ 1270 ABGB). Das paßt auf Turandot und Kalaf ganz gut. Und wenn es in Wirklichkeit ein Spiel wäre, so wäre es uns und dem Gesetzbuch auch gleichgültig, weil für diese beiden Glücksgeschäfte dieselben Regeln gelten, so daß wir uns vor einer Entscheidung auf des „Rasiermessers Schneide" nicht zu fürchten brauchen.

Turandot und Kalaf können von Glück reden, daß keiner von ihnen sein Recht bei Gericht durchsetzen mußte. Die Sache wäre nämlich jedenfalls schiefgegangen, weil nach § 1271 ABGB „Wetten nur soweit verbindlich sind, als der bedungene Preis nicht bloß versprochen, sondern wirklich entrichtet oder hinterlegt worden ist". Diese Vorschrift hat ihre guten Gründe, die wir von Franz Zeiller, dem „Vater unseres Gesetzbuches", erfahren: „Dadurch rettet die öffentliche Verwaltung tausend kurzsichtige, schwachsinnige oder leidenschaftliche Bürger samt ihren Familien vom Untergange, in den sie durch das anlockende Spielen auf Borg, in der Hoffnung den verlorenen Einsatz zurückzugewinnen, gestürzt würden, und setzt der in mannigfaltiger Rücksicht sehr verderblichen Spielsucht eine Grenze." Das Beispiel Kalafs zeigt, wie „golden" diese Worte sind. Andererseits wäre unser Prinz wahrscheinlich auch zum Hinterlegen seines Lebens bereit gewesen, wenn er dann bloß noch in der Lage gewesen wäre, die drei Fragen zu beantworten.

IV.

Kalaf hat zwar die Wette, nicht aber, so scheint es zumindest, das Herz der Turandot gewonnen. Da er, wie gerade erwähnt, seinen Anspruch nicht im Rechtsweg durchsetzen kann, versucht er einen weiteren „Kraftakt" und wettet nochmals um sein Leben, das er schon dann Turandot zur Verfügung stellen will, wenn sie seinen Namen herausfindet. Wie ganz anders hat in diesem Punkt doch Lohengrin gedacht! So sehr ist Kalaf von seinem Ziel fasziniert, daß er sich in Selbstlosigkeit übersteigert und eine „einseitige Wette" schließt, die Prinzessin braucht nichts dagegen zu setzen. Sie ist ja wohl auf den Namen des Prinzen überhaupt nicht neugierig, sondern will, nimmt man ihre Reaktion für bare Münze, den Bewerber nur loswerden.

Rechtlich wirft diese zweite Wette mehr Fragen auf, als selbst Kalaf beantworten könnte. Beschränken wir uns darauf, den Sieger zu ermitteln. Es sieht so aus, als hätte Kalaf Turandot „gewinnen lassen". Bei genauerer Betrachtung ist aber höchst zweifelhaft, ob wirklich die Prinzessin gewonnen hat. Nach den von Kalaf aufgestellten Wettbedingungen muß Turandot seinen Namen nennen „ehe der Tag graut". Nun war aber schon beim Tode Lius „die Stunde da, wo alles erwacht". Und wenn man den wiederholten Ausrufen Turandots und Kalafs Glauben schenken darf, so tagt es schon ziemlich, während die beiden noch mit dem Küssen beschäftigt sind – ein meteorologischer Befund, der auch von den „Stimmen" bestätigt wird. Trifft er zu, so hat Kalaf zum zweiten Mal gesiegt. Juristisch schon wieder schlecht beraten, ist er aber der Meinung, die Frist sei noch offen und nützt dies dazu, Turandot seinen Kopf zu Füßen zu legen. Selbstloser als Rumpelstilzchen und bereitwilliger als Lohengrin, der zumindest eine Anfrage abwartet, gibt er Turandot seine Identität bekannt. Merkwürd'ger Fall! Rechtlich gesehen konnte Kalaf auch damit seinen Sieg nicht mehr rückgängig machen. Dieser sei ihm vergönnt, er diene aber niemandem als Ansporn! Denn Kalaf hat Glück gehabt. Bedenkt man aber die mit der ganzen Angelegenheit verbundene Aufregung, das hohe Risiko und das ganze Für und Wider, so empfiehlt es sich doch eher, seine Prinzessin auf andere Weise zu suchen. Ein Glücksspiel bleibt es auf jeden Fall.

(Zuerst veröffentlicht 1983 im Wiener Staatsopernprogramm)

Anhang II

Für Professoren

Über die Lehrbuchkriminalität

Von *Herbert Jäger*

I.

Die Kriminologie hat aus unerfindlichen Gründen eine besondere Form der Kriminalität bisher hartnäckig ignoriert, die, gemessen an der Aufmerksamkeit, die ihr die Strafrechtswissenschaft zuteil werden läßt, von erheblicher Bedeutung ist. Ich meine jene höchst merkwürdigen Verbrechen, die nicht von Tätern begangen, sondern von Strafrechtslehrern erdacht werden und für die ich daher bei früherem Anlaß bereits den Begriff „Lehrbuchkriminalität" vorgeschlagen habe[1]. Der Begriff ist allerdings, wie ich nach eingehenderer Beschäftigung mit dieser komplizierten und vielschichtigen Materie zugeben muß, insofern zu eng, als er der Sache nach auch auf Fälle ausgedehnt werden sollte, die in Monographien, Zeitschriftenaufsätzen, Skripten und Repetitorien zu finden sind, bei Tagungen und Diskussionen zur theoretischen Gegnerbekämpfung kurzfristig erfunden werden, sowie auf Fälle, mit denen der erstaunte Studienanfänger in den strafrechtlichen Vorlesungen vom Katheder aus bekannt gemacht wird. Ebenso wird man manche jener verzwickt qualifizierten Straftaten mit in die Betrachtung einbeziehen müssen, die sich in gleichartiger Idealkonkurrenz gegen eine Vielzahl von Übungsteilnehmern oder Examenskandidaten richten und für die, folgt man der Tatherrschaftslehre, der Übungsveranstalter und die Justizprüfungsämter verantwortlich zu machen sind.

---

[1] *Loccumer Arbeitskreis (Hrsg.), Neue Juristenausbildung, 1970, S. 108.*

II.

Bei der Darstellung der Lehrbuchfälle, die im gegenwärtigen Forschungsstadium nur unvollständig erfaßbar sind, will ich mich auf besonders charakteristische Beispiele und Beispielgruppen beschränken. Dabei werde ich mich an den Brauch kriminologischer Untersuchungen halten, die Täter beziehungsweise – wie hier – die geistigen Hintermänner nicht namhaft zu machen, sondern in der Anonymität zu belassen, um ihre Resozialisierung nicht unnötig zu erschweren. Ich beschränke mich daher an dieser Stelle auf die Versicherung, daß die von mir erwähnten Fälle sämtlich den gängigen Lehrbüchern des Strafrechts, vereinzelt aber auch einigen mir zugänglich gewordenen Vorlesungsskripten entnommen sind, keiner von ihnen also meiner eigenen Erfindung und Delinquenz entstammt.

Ein besonders düsteres Kapitel der Lehrbuchkriminalität scheint mir das Gebiet der Kausalität zu sein, vor allem das der „überholenden" und der Doppelkausalität. Äußerst auffällig ist, daß hier in signifikanter Häufung ständig mehrere Personen, ohne das geringste voneinander zu wissen, gleichzeitig auf ihre Opfer schießen oder ihnen kurz nacheinander Gift in Kaffee oder Erfrischungsgetränke träufeln. Die unseligen Opfer müssen – victimologisch bemerkenswert und bisher ohne jede Erklärung – ein Heer von Feinden haben, die alle nur auf eine günstige Gelegenheit zum Mord lauern und die in ihren haßerfüllten Motivationen und Verhaltensweisen auf seltsame, wohl allein parapsychologisch zu deutende Weise „gleichgeschaltet" erscheinen. So gibt, um ein Beispiel herauszugreifen, B dem A Gift, der jedoch, noch ehe der Tod eintritt, den Schüssen des gleichfalls herbeigeeilten C erliegt. Wir wissen weder, warum dies geschieht, noch weshalb es zu dieser merkwürdigen Duplizität kommt. Meine vorläufige, natürlich noch der genaueren Überprüfung bedürftige Hypothese wäre, daß C dies nur des „abgebrochenen" Kausalzusammenhangs wegen tut. Es gibt sogar Fälle, in denen, abgesehen von der Gleichzeitigkeit der Verbrechensbegehung, auch die Ausführungsweisen sich bis auf ein Haar entsprechen, wobei sich die Kriminalisten die Köpfe darüber zerbrechen mögen, wie derartiges geschehen kann: so etwa, wenn der völlig ahnungslose X zwei Tassen Kaffee trinkt, von denen die erste A, die zweite B – dieser natürlich wieder völlig unabhängig von der Handlungsweise des A – mit einem tödlichen Gift versehen hat. Da das Gift des B schneller wirkt als das des A, vermute ich ähnliche Motive wie im vorangehenden Fall. Selbst Hunde werden gelegentlich Opfer derart massierter Anschläge auf ihr Leben, wobei jedoch das Strafrecht ihre Tötung – für die Tiere selbst sehr kränkend – nur als Sachbeschädigung bewertet. Manchmal lösen auch erotische Leidenschaften derartige Verbrechen aus, so beispielsweise, wenn der eifersüchtige A seine Braut B durch ein langsam wirkendes Gift zu töten versucht, ihm dies jedoch mißlingt, weil ihm der Gegenspieler C, der sich ebenfalls hintergangen fühlt, mit einem tödlichen Schuß zuvorkommt. Auch die urwüchsige Welt der Berge bringt solche Untaten hervor. So schossen nach dem Bericht eines unserer Autoren zwei Wilderer „nahezu gleichzeitig, aber ohne voneinander zu wissen“, einen Förster in Kopf und Herz. Offenbar scheinen Täter des „kausalen“ Typs – und damit mittelbar ihre Urheber – vor nichts zurückzuschrecken, nicht einmal davor, einen im Straßenverkehr Verletzten, der im Krankenhaus bereits in den letzten Zügen liegt, noch von Mörderhand sterben zu lassen, damit nur ja die Erörterung der Kausalfrage nicht allzu schlicht und reizlos ausfällt.

Überhaupt ist nach meinem Eindruck das für die Lehrbuchkriminalität charakteristische Fallmaterial voll der merkwürdigsten Zufälle und Ursachenverknüpfungen. Da schickt beispielsweise ein Bauer seine Frau aufs Feld, damit sie vom Blitz erschlagen werde, oder es setzt ein geldgieriger Neffe seinen Erbonkel in den Zug oder eine billige Chartermaschine, damit ein Unglück den herbeigesehnten Erbfall auslöse, und schon tun Blitz, Zug und Flugzeug dem Täter den Gefallen. Wie wenig ein Teil der Bevölkerung bisher mit den Erkenntnissen der Statistik vertraut ist, wird deutlich, wenn ein übervorsichtiger Lehrbuchtäter, bevor er den Erbonkel auf Reisen schickt, erst Erkundigungen darüber einzieht, daß jedes zehntausendste Flugzeug abstürzt, und seit dem letzten Fehlstart schon wieder 9999 Flüge stattgefunden haben. Da sich in den Fällen der Lehrbuchkriminalität sogar die Regeln der Statistik den strafrechtsdogmatischen Sachzwängen unterwerfen, stürzt natürlich auch diese Maschine planmäßig ab. Daher muß es einen fast mitleidig stimmen, wenn sich ein Täter einmal nicht auf die bereitwillige Mithilfe der Natur verläßt, vielmehr sein auf der Flucht ins Ausland befindliches Opfer bis zum Flugplatz verfolgt und dort niederschießt, obwohl sich dies als gänzlich überflüssig erweist, weil das Flugzeug gleich nach dem Start ins Meer stürzt und allein das dogmatische Problem das Unglück überlebt.

Daß bei Hinrichtungen nicht immer die nötigen Sicherheitsvorkehrungen getroffen werden, verdeutlicht der folgende Fall, der, obwohl er wegen der Abschaffung der Todesstrafe für die Bundesrepublik nicht aktuell ist, doch immer noch die Gemüter deutscher Strafrechtslehrer erregt. Bei der Hinrichtung eines Mörders war es, wie mehrere Autoren bezeugen, dem Vater des Ermordeten gelungen, in die Nähe des Schafotts zu schleichen und im entscheidenden Augenblick an Stelle des Scharfrichters auf den Knopf zu drücken. Daß er dies tat, um sein Kind zu rächen, wie in der Lehre überwiegend angenommen wird, möchte ich allerdings bezweifeln; viel wahrscheinlicher ist, daß er den Gedanken der conditio sine qua non problematisieren wollte. Durch eine merkwürdige Verknüpfung widriger Umstände ist auch der folgende Fall gekennzeichnet: T verletzte bei einer Wirtshausschlägerei den O. Auf dem Weg zum Arzt wurde O von dem Kraftfahrer K angefahren. Im Krankenhaus vermutete man fälschlich eine Blinddarmentzündung. Die von X angeordnete und durchgeführte Operation führte zur Sepsis, weil die Krankenschwester unsaubere Instrumente zugereicht hatte. An dieser Sepsis starb O. Hier handelt es sich entweder um einen Fall für einen Meteorologen – war an jenem Tage möglicherweise Föhn? – oder für einen Misanthropen.

Meteorologisches spielt auch in folgenden Fall hinein: Während eines Abendspaziergangs durch den Kurpark schießt der in Ehekonflikte verstrickte Täter auf seine Schwiegermutter, da sie seine Aussöhnungsbemühungen sabotiert. Ihr Tod tritt jedoch erst dadurch ein, daß sie bei einem überraschend losbrechenden Wirbelsturm von einer herabstürzenden Baumkrone erschlagen wird, nachdem sie zuvor von einem zufällig des Weges kommenden Kurgast unter diesen Baum getragen worden ist. Erst dem vereinten Einsatz von Verbrechen, Hilfsbereitschaft und Unwetter gelingt es, das vom Autor des

Nachdenkens für wert befundene Kausalarrangement herzustellen. Ich muß gestehen, daß ich mich bei vielen dieser Fälle, die conditio-Formel dabei etwas zweckentfremdend, frage, was eigentlich „entfallen“ würde, wenn man Fall und Problem hier einfach „wegdenkt“.

Daß merkwürdige Zufälle auch im Bereich der Rechtswidrigkeitsprobleme eine Rolle spielen und hier sehr zum Nachteil des Täters ausschlagen können, beweist ein Fall, der deutlich machen soll, daß selbst ein dringendes Interesse des Betroffenen eine tatbestandsmäßige Handlung dann nicht zu rechtfertigen vermag, wenn es dem Täter am Rettungswillen gefehlt hat. Im vorliegenden Fall hatte A aus Mutwillen mit einem Stein eine Fensterscheibe eingeworfen, damit aber dem Hauseigentümer das Leben gerettet, der sonst einer Gasvergiftung erlegen wäre. Kaltherzig will der Autor hier an der Strafbarkeit seines Geschöpfs festhalten. In einem anderen Fall erschießt der Täter seinen Feind, ohne zu wissen, daß dieser bereits die Hand am Abzug seines Revolvers hatte, um ihn zu töten. Auch hier bleibt die Lehre hart: Berufung auf Notwehr soll dem Täter versagt sein. In einem „Besondere Erscheinungsformen der Straftat“ überschriebenen Lehrbuchkapitel findet sich gleich zu Anfang eine nicht minder sensationelle Fallschilderung, der zufolge ein Taschendieb A in der Tasche des B eben jene Geldbörse fand, die – o Wunder – der B kurz vorher dem A gestohlen hatte. Fürwahr: besondere Erscheinungsformen!

Einen weiteren Schwerpunkt der Lehrbuchkriminalität stellt der Irrtum dar, und zwar der Tatbestands- und der Verbotsirrtum ebenso wie die „umgekehrten“ Irrtümer des untauglichen Versuchs und des Wahndelikts. Es ist bemerkenswert, worüber sich, jedenfalls nach der Meinung der Autoren, nicht alles irren und was sich nicht alles wähnen und untauglich versuchen läßt. Das Paradebeispiel ist zweifellos der untaugliche Versuch einer Schwangerschaftsunterbrechung: Die A hält sich irrig für schwanger und trinkt, um die vermeintliche Schwangerschaft zu beenden, jeden Morgen auf nüchternen Magen 4 Glas Wasser. Dabei will ich nicht verschweigen, daß dieser berühmte, strafrechtlich hochbrisante Fall, der in den verschiedensten Varianten auftaucht, bereits zu den Grenzfällen der Lehrbuchkriminalität zu rechnen ist, da sich in der Rechtsprechung des Reichsgerichts tatsächlich ein Fall eines Abtreibungsversuchs einer Nichtschwangeren mit untauglichen Mitteln nachweisen läßt[2]. Das zeigt aber nur, daß die Realität gelegentlich zu Zugeständnissen an die Bedürfnisse der Lehre bereit ist.

Erwähnenswert ist auch, daß Einkaufsleiter privater Energieversorgungsunternehmen oder Gemeindeputzfrauen offenbar so wenig über ihre rechtliche Situation orientiert sind, daß sie sich für Beamte halten, dies aber wohl nur, um im Falle der Entgegennahme von Geldgeschenken die Erörterung der Bestechungsproblematik zu ermöglichen. Daß den Lehrbuchautoren die Realität offensichtlich nicht genügt, wird auch daran deutlich, daß sie selbst bei einem so seltenen Delikt wie dem der Tötung auf Verlangen nicht der Versuchung widerstehen können, Irrtumsfälle zu erörtern, etwa den Fall, daß der Täter das nicht ernstliche Verlangen für ernstlich oder umgekehrt das ernstliche Verlangen für nicht ernstlich gehalten hat. Besonders ergiebig ist in diesem Zusammenhang – der Name deutet es bereits an – das Wahndelikt. Dabei ist der Wahn des Täters vom Wahn des Autors sorgfältig zu unterscheiden. Denn es geht ja nicht allein darum, daß der Täter dieses oder jenes „wähnt" – etwa daß man seinem Nachbarn durch Meditation einen Leberschaden zufügen könne oder daß Biertrinken während des Semesters strafbar sei –, sondern ebenso darum, daß hier auch der Autor wähnt, derartiges sei wähnbar.

Bei der Abgrenzung von Vorsatz und Fahrlässigkeit haben wir die Pflicht, jenes imaginären Schießbudenfräuleins zu gedenken, das seinem geistigen Urheber *W. Lacmann* 1911 zu einer mindestens bis zum heutigen Tage währenden fachinternen Unsterblichkeit verholfen hat; denn wer wüßte noch etwas von diesem Autor, wenn nicht diese wackere junge Dame sich immer wieder, Lehrbuchauflage für Lehrbuchauflage, dazu bereit gefunden hätte, sich einer Wette wegen von einem unsicheren Schützen eine Glaskugel aus der Hand schießen und sich dabei schmerzhafte Verletzungen zufügen zu lassen[3]. Ihre Unerschrockenheit ist um so verdienstlicher, als sie sich dieser unangenehmen Aufgabe ganz offensichtlich vor allem der besseren Abgrenzung von Vorsatz und Fahrlässigkeit wegen unterzogen hat.

[2] *RGSt 34, 217.*
[3] *ZStW 31 (1911) 159.*

Aus dem Besonderen Teil – und hier vor allem aus dem Bereich der Eigentumsdelikte – will ich abschließend noch einige markantere Beispiele anführen, die mir für die Lehrbuchkriminalität typisch zu sein scheinen. Daß die „umstrittenen Fragen der Besitzentziehung ohne Substanzverlust“ beim Tatbestand der Sachbeschädigung weniger ihrer kriminalpolitischen Relevanz wegen erörtert werden, sondern wohl eher, weil sie die dogmatische Phantasie beflügeln, möchte ich aus der Tatsache schließen, daß ein angesehenes Lehrbuch als einzige illustrierende Beispiele „das ohne Aneignungsabsicht begangene Fliegenlassen eines fremden Vogels“ und „die Versenkung des Nibelungenschatzes in den Rhein“ anzuführen weiß. Der Lösungsvorschlag des Autors, daß in diesen beiden „Fällen“ der Tatbestand der Sachbeschädigung anwendbar sei, da „hier wie dort“ die vom Berechtigten festgelegte Zweckverwendung vereitelt werde, verleugnet fairerweise nicht, daß es sich um eine hochkontroverse Rechtsfrage handelt („bestr.; abw. die h. L.“) und daß es außer den Extremstandpunkten auch noch eine „vermittelnde Meinung“ gibt. Wohl nur denen, die das Phänomen der Lehrbuchkriminalität noch nicht genauer studiert haben, kann auch entgangen sein, daß Sachbeschädigung vorliegt, wenn jemand den zur Getränkekühlung bestimmten Eisbarren eines anderen an die warme Sonne schiebt, um Trinkwasser daraus herzustellen, oder wenn an Tieren „zweckwidrige psychische Veränderungen“ vorgenommen werden, etwa indem der Täter einem Papagei unanständige Redensarten beibringt. Auch das Aussetzen von Wanzen in fremden Betten wird in einem der Lehrbücher als Sachbeschädigung ins Auge gefaßt. Ein recht ungünstiges Licht auf die soziale und gesundheitliche Situation der akademischen Jugend scheint mir ein Fall zu werfen, in dem ein Student eine Lichtleitung anzapft, um sein Heizkissen kostenlos benutzen zu können. Der psychoanalytischen Deutung gar bedarf der Vorfall, auf den sich der juristische Hinweis bezieht, daß ein fremder Hund nicht zur Verteidigung eines wertlosen Knochens niedergeschossen werden dürfe.

III.

Die Entstehung der hier nur beispielhaft dargestellten Lehrbuchkriminalität ist, wie bereits zu Anfang angedeutet, auf recht einfache Weise zu erklären, nämlich damit, daß die in den Fallschilderungen begangenen Verbrechen und Vergehen nicht aus der psychologischen Motivation und gesellschaftlichen Situation der Täter, sondern der ihrer geistigen Urheber herzuleiten sind. Die Psychologie und Sozialisation von Strafrechtslehrern ist nun aber eine andere als die von Straftätern[4]. Die Strafrechtslehrer wollen – jedenfalls in der Regel – keine Straftaten begehen, sondern Straftaten subsumieren und zu diesem Zweck dogmatische Systeme entwickeln. Daß darin möglicherweise eine Form der Aggressionsabfuhr, der Sublimation krimineller Antriebe zu erblicken ist, kann an der vorgenommenen Unterscheidung nichts Grundsätzliches ändern. Der Subsumtions- und Systemtrieb – man kann es wohl so nennen – ist aber nur zu befriedigen, wenn ihm die soziale Wirklichkeit immer wieder neue Nahrung liefert. Hierzu ist denn auch die Realität nach Meinung der Lehrbuchautoren in erster Linie da. Wenn nun aber die tatsächlich vorhandene Kriminalität die Fallkonstellationen nicht oder nur ungenügend produziert, deren die Strafrechtslehre zur Entfaltung ihrer Probleme bedarf, um so schlimmer für die Tatsachen! Bleibt dann doch nur die Möglichkeit, diese ärgerlichen Realitätslücken mit Hilfe der Imagination zu schließen und neue Verbrechen zu ersinnen. Die Strafrechtsdoktrin, durch die Mangelhaftigkeit der sozialen Wirklichkeit offensichtlich frustriert und an ihr auch nicht primär interessiert, bedient sich hierzu der Inszenierung jener Fälle, die wir skizziert haben und in denen dem „Täter" allein die Aufgabe zukommt, die ihm vorgeschriebene Rolle zu spielen, um dem Lehrbuchleser „Höheres" zu vermitteln, d. h. eine Theorie plausibel zu machen oder zu widerlegen. Es versteht sich von selbst, daß der Täter hierfür einer vorbelasteten Lebensgeschichte, Fehlsozialisation oder psychopathologischen Störung nicht bedarf. Es genügt sein kurzer Auftritt auf

[4] Daß der Professor „das Gegenbild des Straftäters" ist, vertritt neuerdings *Helmut Ostermeyer* in seinem Buch „Strafrecht und Psychoanalyse", 1972, S. 24.

der Fallbühne, seine Verwendbarkeit für die Demonstration eines Problems; anschließend mag er persönlichkeits- und wesenlos wieder in seine Nichtigkeit zurückfallen.

Es fragt sich zum Schluß, welche kriminalpolitischen Maßnahmen gegenüber dieser, wie ich zu zeigen versucht habe, doch recht verbreiteten Form der Kriminalität ergriffen werden können. Daß bereits mein kurzer Bericht eine gewisse bewußtseinsbildende und damit generalpräventive Wirkung entfalten könnte, scheint mir wegen der intellektuellen Ansprechbarkeit des relativ kleinen Autorenkreises keine völlig illusionäre Vorstellung zu sein. Ich verspreche mir von meinem Appell aber auch einen resozialisierenden Effekt. So wäre immerhin denkbar, daß Verfasser von Lehrbüchern und Skripten, soweit sie sich bereits in Lehrbuchkriminalität verstrickt haben, die Neuauflagen ihrer Werke einer kritischen Durchsicht unterzögen, die Zahl der bereits vorhandenen Lehrbuchdelikte so weit wie möglich reduzierten und sich der Produktion weiterer einschlägiger Fälle enthielten. Überhaupt meine ich, daß es der Psychohygiene der Strafrechtslehrer auf die Dauer nicht förderlich sein kann, überschießenden Innentendenzen ihrer kriminellen Phantasie allzu freien Lauf zu lassen. Die Lehre findet außerdem in der Realität genügend Stoff und Probleme; den Surrealismus sollte sie daher getrost der Kunst überlassen.

(Gekürzte Wiedergabe der in der Monatsschrift für Kriminologie und Strafrechtsreform 1973, 300 ff, veröffentlichten „Glosse über Lehrbuchkriminalität“. Der Abdruck erfolgt mit freundlicher Genehmigung des Verfassers, Prof. Dr. Herbert Jäger, Ordinarius für Strafrecht und Kriminalpolitik, Frankfurt am Main).

EIN BAND BESSER ALS DER ANDERE

„Käsegeruch ist erfahrungsgemäß unangenehm“
Menschlich-Allgemeingültiges aus der Juristenküche

„Grammophon ist kein Vorname“
Spitzentöne aus dem Juristentrichter

„Eier können nicht gefangen werden“
Prachtexemplare aus dem Juristen-Nest

„Um 10 S Hafer für den Amtsschimmel“
Kräftiges Paragraphen-Futter

Alle Bände mit Zeichnungen von IRONIMUS, erschienen im Verlag-Orac.

Welsers Sammlungen juristischer Kostbarkeiten sind Bestseller des Humors, die Juristen und Nichtjuristen gleichermaßen ein ganz besonderes Vergnügen bereiten. Das ideale Geschenk für jeden Anlaß!

Dazu noch eine weltweit einmalige Kuriosität: die Schallplatte mit echten Gesetzen und Urteilen. Prof. Welser präsentiert die köstlichsten Produkte der Juristen-Zunft. Im Hörsaal live vorgetragen, sind sie unterhaltsamer als jedes Kabarett. 45 Minuten Lachen garantiert:

"Käsegeruch ist erfahrungsgemäß unangenehm"
(Preiserrecords 135053)

"Für Geistervertreibungen fehlt die gesetzliche Grundlage"
(Preiserrecords 135056, erscheint Mitte 1990)

Der "Käsegeruch" ist ein köstliches Lesevergnügen - nicht nur für Juristen, Gesetzeshüter und Gesetzesbrecher.
Oberösterreichische Nachrichten

Das Buch liefert den Beweis, daß Juristerei weder trocken noch humorlos sein muß.
Oberösterreichisches Tagblatt

Die unfreiwillige Komik dieser Texte liegt teils in den absonderlichen Sachverhalten, die zu beurteilen bzw. zu regeln waren, teils in den Bemühungen der Gerichte, auch Außergewöhnliches und Ordinäres in die scharf umrissene juristische Begriffswelt einzuordnen. Wer einmal herzlich lachen will, möge dieses Buch zur Hand nehmen - er wird dem Autor dankbar sein.
Österreichische Richterzeitung

Ein unterhaltsames Buch. Jeder müßte es lesen, der am Zustandekommen gerichtlicher Entscheidungen beteiligt ist. Und jeder, der über die juristischen Merkwürdigkeiten der vom Vorstand des Instituts für Zivilrecht der Universität Wien gesammelten Entscheidungen lachen kann, ist noch nicht rettungslos verloren.
Österreichisches Anwaltsblatt

Eine überaus lustige, von einem hochangesehenen Wissenschaftler bearbeitete Sammlung juristischer Merkwürdigkeiten, die der Jurist in seiner täglich zur Verfügung stehenden Handbibiliothek haben sollte, damit er, versunken in die "Paragraphenarbeit", den unterbrechenden Augenblick der Sehnsucht nach einem kurzen Ausflug in die Wärme des Humors wahrnehmend, den "Käsegeruch" gleich zur Hand hat.
Liechtensteinische Juristen-Zeitung